Abi-Thema

Globalization

Thematischer Lernwortschatz Englisch

Abi-Thema

Globalization

Thematischer Lernwortschatz Englisch

Zusammengestellt und bearbeitet
von Dr. Monika N. Floyd

Ernst Klett Sprachen
Stuttgart

1. Auflage 1 $^{6\ 5\ 4}$ | 2023 22 21 20

Internetadresse: www.klett-sprachen.de

Autorin: Dr. Monika N. Floyd
Redaktion: Bettina Höfels
Layoutkonzeption: Sandra Vrabec
Satz: Dörr + Schiller, Stuttgart
Umschlaggestaltung: Marion Köster, Stuttgart
Titelbild: iStockphoto (Kathy Konkle, Jamie Farrant), Calgary, Alberta
Druck und Bindung: AZ Druck und Datentechnik GmbH, Heisinger Str. 16, 87437 Kempten/Allgäu
Printed in Germany

ISBN 978-3-12-519501-1

9 783125 195011

Inhaltsverzeichnis

Übersicht über die Infoboxen

Übersicht über die verwendeten Abkürzungen

etw.	etwas
jmd.	jemand, jemandes, jemandem, jemanden
AE	American English
BE	British English
sb	somebody
sth	something
n	noun
v	verb
adj	adjective
adv	adverb
pl	plural
sing	singular

Übersicht über die verwendeten Lautzeichen

Die in diesem Buch verwendeten Lautzeichen folgen dem aktuellen Cambridge English Pronouncing Dictionary, 17. Ausgabe mit einigen Vereinfachungen gemäß den gängigen Lehrwerken.

Die in diesem Buch verwendeten Lautzeichen folgen dem aktuellen Cambridge English Pronouncing Dictionary, 17. Ausgabe mit einigen Vereinfachungen gemäß den gängigen Lehrwerken.

['] bedeutet, dass die folgende Silbe die stärkste Betonung hat: global ['gləʊbəl],
[ˌ] bedeutet, dass die folgende Silbe die zweitstärkste Betonung hat: globalization [ˌgləʊbəlaɪ'zeɪʃn]

[ɪ]	in
[e]	yes
[æ]	can
[ʌ]	sun
[ɒ]	job
[ʊ]	good
[ə]	potato [pə'teɪtəʊ]

[iː]	meet
[ɑː]	bra
[ɔː]	law
[uː]	school
[ɜː]	bird

[eɪ]	name
[aɪ]	my
[ɔɪ]	toy
[əʊ]	boat
[aʊ]	now
[ɪə]	here
[eə]	where
[ʊə]	tourist

[p]	pub
[t]	table

[k]	cat
[f]	fat
[θ]	thanks
[s]	son
[ʃ]	she
[h]	he
[m]	my
[n]	now
[ŋ]	thing

[b]	bye
[d]	down
[g]	good
[v]	van
[d]	this
[z]	is
[ʒ]	television

[l]	like
[r]	red
[j]	yes
[w]	wet

[tʃ]	chin

[dʒ]	gin

[i]	react [ri'ækt], happy ['hæpi]
[u]	to own [tu'əʊn], influenza [Influ'enzə]

global *adj*	global, weltweit
worldwide *adj*	weltweit, global

global	world platform economy	globale	Welt Bühne Wirtschaft

globalization [ˌgləʊbəlaɪˈzeɪʃn] *n*	Globalisierung
the age of globalization	das Zeitalter der Globalisierung
globalization movement	Globalisierungsbewegung
fit for globalization	für die Globalisierung gut aufgestellt, gut gerüstet sein
consequences of globalization	Folgen der Globalisierung

globalization of	production markets	Globalisierung der	Produktion Märkte

globalize [ˈgləʊbəlaɪz] *v*	globalisieren *(etw. [ein Unternehmen oder ein System] international verbreiten)*
globalized [ˈgləʊbəlaɪzd] *adj*	globalisiert
globalized world	globalisierte Welt
globalized economy	globalisierte Wirtschaft
globalizing [ˈgləʊbəlaɪzɪŋ] *adj*	globalisierend

in the context of globalization in the midst of globalization	im Zuge der Globalisierung

local *adj*	hiesig, lokal
think globally – act locally	global denken – lokal handeln

▷ **6.6 Sustainability**

glocal [ˈgləʊkl] *adj*	glokal *(etwas ist sowohl von globaler als auch lokaler Bedeutung)*
glocalization [ˌgləʊkəlʌɪˈzeɪʃn] *n* *(local adaptation of products that are internationally marketable)*	Glokalisation *(global vermarktbare Produkte nach lokalen Bedürfnissen anpassen)*

The local adaptations of the UK comedy programme "The Office" are an interesting example of glocalized entertainment and media.
Die nationalen Adaptionen der britischen Comedyserie „The Office" sind ein interessantes Beispiel für Glokalisierung in der Unterhaltungsbranche und den Medien.

international *adj*	international
internationalization [ˌɪntəˌnæʃnəlaɪ'zeɪʃn] *n*	Internationalisierung
interdependence [ˌɪntədɪ'pendəns] *n*	gegenseitige Abhängigkeit, Interdependenz
global interdependence	gegenseitige globale Abhängigkeit, globale Interdependenz
economic interdependence	gegenseitige wirtschaftliche Abhängigkeit, wirtschaftliche Interdependenz
to be dependent on sth / sb	von etw. / jmd. abhängig sein

▷ **2.2 International relations**

connection *n*	Verbindung
interconnect *v*	verbinden
network *n*	Vernetzung
global interconnection	globale Verbindung

to be linked up to something to be closely connected to sth	mit etw. vernetzt sein

development *n*	Entwicklung
undesirable development	Fehlentwicklung
progress, advancement *n*	Fortschritt
change *n*	Wandel, Veränderung
pace of change	Tempo des Wandels

keep up with the pace of change
mit dem Wandel Schritt halten
well-placed to face a challenge
gut aufgestellt sein, um sich einer Herausforderung zu stellen

challenge ['tʃælɪndʒ] *n*	Herausforderung
rise to the challenge	eine Herausforderung annehmen

controllable *adj*	kontrollierbar
uncontrollable *adj*	unkontrollierbar, unbeherrschbar
become/be rendered uncontrollable	unkontrollierbar werden

power *n*	Macht
dominance *n*	Vormachtstellung
influence *n*	Einfluss
to have influence on sb / sth	Einfluss auf jmd. / etw. haben
growing influence	wachsender Einfluss

competition [ˌkɒmpəˈtɪʃn] *n*	Konkurrenzkampf
global competition	globaler Wettbewerb

increased rigorous	competition	verschärfter Konkurrenzkampf

compete [kəmˈpiːt] *v*	konkurrieren

▷ **5.5 Corporate Economics**

information *n*	Information
flood of information *n*	Informationsflut
communication *n*	Kommunikation
communication technology	Informationstechnology
interactivity *n*	Interaktivität
interact with sb	mit jmd. interagieren, mit jmd. kommunizieren

▷ **7.1 Communication**

collaboration [kəˌlæbəˈreɪʃn] *n*	Zusammenarbeit, Kollaboration

geographically dispersed labourforce interact and collaborate
geographisch weit verstreute Arbeitskräfte kommunizieren miteinander und arbeiten zusammen

mobility [məˈbɪləti] *n*	Mobilität
labour mobility	Arbeitskräftemobilität
occupational mobility	berufliche Mobilität
vertical mobility *(movement up and down in social status)*	vertikale Mobilität *(Bewegung entlang einer Statushierarchie)*

participation *n*	Teilhabe
public participation	öffentliche Teilhabe
social participation	gesellschaftliche Teilhabe

▷ **2.1 Government and political parties**

economy [ɪ'kɒnəmi] *n*	Wirtschaft
economic globlization	Globalisierung der Wirtschaft
economic interdependence	wirtschaftliche Abhängigkeit
foreign trade *n*	Außenhandel
trade barrier *n*	Handelsbeschränkung, Handelsbarriere
goods *n pl*	Waren, Güter
consumer goods	Verbrauchsgüter
export goods	Exportartikel

▷ **5 Global Economy**

affluence ['æfluəns] *n*	Wohlstand, Reichtum

the prospect of rising affluence in the world
die Aussicht auf steigenden Wohlstand in der Welt
harmonizing (ecological and social) standards at a higher level
Angleichung von (ökologischen und sozialen) Standards auf höherem Niveau

poverty ['pɒvəti] *n*	Armut
live below the poverty line	unter der Armutsgrenze leben

▷ **2.8 Migration; 2.7 Development**

social insecurity *n*	soziale Unsicherheit
growing social insecurity, instability	wachsende soziale Unsicherheit
gap, gulf, rift *n*	Kluft

The distance / gap between rich and poor has widened.
Die Schere zwischen Reich und Arm hat sich geöffnet.
The last twenty years have seen a widening of the rift between rich and poor.
In den letzten zwanzig Jahren kam es zu einer Vertiefung der Kluft zwischen Arm und Reich.

society *n*	Gesellschaft
value ['væljuː] *n*	Wert, Wertvorstellung
culture *n*	Kultur

▷ **2.9 Population and demographics**

cultural *adj*	kulturell
cultural identity	kulturelle Identität
dominant culture, primary culture	Leitkultur
standardization in cultural matters	Vereinheitlichung der Kultur, Standarisierung der Kultur
prejudice ['preʤədɪs] *n*	Vorurteil

overcoming reducing breaking down	prejudices	Vorurteile abbauen

▷ 3 Crises and conflicts

the **West** [west] *n*	der Westen (Europa und Nordamerika)
western ['westən] *adj*	westlich, West-
the western world	die westliche Welt
westernization [ˌwestənaɪ'zeɪʃn] *n*	Verwestlichung
western cultural imperialism	westlicher Kulturimperialismus
Americanization	Amerikanisierung
McDonaldization	McDonaldisierung
Europe ['jʊərəp] *n*	Europa

western eastern northern southern	Europe	Westeuropa Osteuropa Nordeuropa Südeuropa

the **Middle East** [ˌmɪdl'iːst] *n*	der Nahe Osten, Nahost
the **Far East** [ˌfɑːr'iːst] *n*	der Ferne Osten, Fernost

▷ 2.2 International relations

criticism *n*	Kritik
anti-globalist, opponent of globalization, anti-globalization activist *n*	Globalisierungsgegner(in)
globalization critic *n*	Globalisierungskritiker(in)
scepticism ['skeptɪsɪzm] *n*	Skeptik
euphoria [juː'fɔːriə] *n*	Euphorie

difference, distinction *n*	Unterschied
disparity *n*	Ungleichheit
core [kɔː] *n*	Zentrum
periphery [pəˈrɪfəri], **peripheral region** [pəˈrɪfərəl] *n*	Randgebiet, Peripherie

disparities in core and peripheral regions
Unterschiede in zentralen und peripheren Regionen

fragmentation *n*	Fragmentierung
global fragmentation	globale Fragmentierung
North-South divide *n*	Nord-Süd-Gefälle

▷ **5.5 Corporate Economics**

era [ˈɪərə] *n*	Ära
actor *n*	(politischer) Akteur, Handelnde(r)

The three eras of globalization according to Thomas Friedman in "The World is Flat"	
Globalization 1.0 (1492–1800)	Discoveries, exploration, colonization Trade between Europe, America, Asia Actors: nations
Globalization 2.0 (1800–2000)	Expansion of European and American firms into South America, Africa and Asia Important technological advancements: steam engine, telephone, early version of the Internet Actors: multinational corporations
Globalization 3.0 (Since 2000)	Introduction of fiber-optic cables Global connectivity of computers Actors: each individual that is connected

Alle Zitate von Thomas Friedman in diesem Buch stammen aus: *The World is Flat* (ISBN 978-3-12-573799-0)

2 Politics

politics ['pɒlətɪks] *n*	Politik *(die Politik generell)*
politician [ˌpɒlɪ'tɪʃən] *n*	Politiker(in)
policy *n*	Politik *(konkrete, praktische Politik)*, politische Planung

domestic policy, home affairs *(BE)*	Innenpolitik
foreign policy	Außenpolitik
economic policy	Wirtschaftspolitik
social policy	Sozialpolitik
policy on immigration	Einwanderungspolitik

political *adj*	politisch
for political reasons	aus politischen Gründen
issue ['ɪʃuː] *n*	Frage, Thema, Problem
political issue	politische Frage(stellung), politische Problemstellung, Politikum

2.1 Government and political parties

government ['gʌvənmənt] *n*	Regierung
govern ['gʌvən] *v*	regieren
goverment leader(s) *n*	Regierungsspitze

head of state *n*	Staatsoberhaupt
president *n*	Präsident(in)
prime minister *n*	Premierminister(in)
chancellor ['tʃɑːnsələ] *n*	Kanzler(in)

minister *(BE)*, **secretary** *(AE)* *n*	Minister(in)
ministry *(BE)*, **department** *(AE)* *n*	Ministerium
cabinet ['kæbɪnət] *n*	Kabinett

Ministry of the Interior, Home Office *(BE)*, **Department of the Interior** *(AE)* *n*	Innenministerium
Home Secretary *(BE)* *n*	Innenminister(in)
Foreign Ministry, Foreign Office *(BE)*, **State Department** *(AE)* *n*	Außenministerium

Foreign Minister, Foreign Secretary *(BE)*, **Secretary of State** *(AE) n*	Außenminister(in)
Department of Homeland Security *(AE) n*	US-Heimatschutzministerium, Innenministerium
Secretary of Homeland Security *(AE) n*	US-Heimatschutzminister(in), Innenminister(in)
internal affairs *n pl*	innere Angelegenheiten

The Home Secretary is in charge of the Home Department and responsible for internal affairs.
Der Innenminister leitet das Innenministerium und ist verantwortlich für innere Angelegenheiten.

domestic *adj*	Innen-, Inlands-
foreign *adj*	Auslands-, Außen-
foreign affairs, foreign policy *n*	Außenpolitik, auswärtige Angelegenheiten
in matters of foreign policy	in außenpolitischen Fragen
affairs of state *n pl*	Staatsangelegenheiten
relations *n pl*	Beziehungen
international *adj*	international

international relations	internationale Beziehungen
international politics	internationale Politik
international law	internationales Recht, Völkerrecht

independent [ˌɪndɪˈpendənt] *adj*	unabhängig, selbständig *(z. B. politisch)*
independence [ˌɪndɪˈpendəns] *n*	Unabhängigkeit, Selbständigkeit *(z. B. staatlich)*
united [juːˈnaɪtɪd] *adj*	vereinigt, vereint
party, political party *n*	Partei, politische Partei
party member	Parteimitglied
party leader	Parteivorsitzende(r), Parteiführer(in)
wing *n*	Flügel, Seite *(des politischen Spektrums)*
right wing, left wing *n*	rechter Flügel, linker Flügel
organization [ˌɔːgənaɪˈzeɪʃn] *n*	Vereinigung, Organisation
political organization	politische Vereinigung

participation [pɑːˌtɪsɪˈpeɪʃn] *n*	Teilhabe, Partizipation
public participation *n*	Bürgerbeteiligung
citizens' movement *n*	Bürgerbewegung
public protest *n*	Bürgerprotest
protest march	Protestmarsch, Protestdemonstration
grassroots organization *n*	Basisbewegung

The Tea Party Movement presents itself as a leaderless grassroots movement.
Die Tea-Party-Bewegung präsentiert sich selbst als führungslose Basisbewegung.

lobby [ˈlɒbi] *n*	Interessengruppe, Lobby
lobbying [ˈlɒbiɪŋ] *n*	Lobbyarbeit, Beeinflussung *(von Entscheidungsträgern)*, Lobbying

The banking lobby severely criticized the left wing Occupy protesters on Wall Street.
Die Interessensgruppe der Banker hat die linken Occupy Demonstranten auf der Wall Street stark kritisiert.

2.2 International relations

international relations *n pl*	internationale Beziehungen
international politics *n*	internationale Politik
international cooperation *n*	internationale Kooperation
intergovernmental [ɪnˈtɜːˌgʌvənˈmentəl] *adj*	zwischenstaatlich
supranational [ˌsuːprəˈnæʃnəl] *adj*	überstaatlich, supranational

sovereignty [ˈsɒvrənti] *n*	souveräner Staat, Eigenstaatlichkeit
national territory *n*	Staatsgebiet

integrity of national territory
Unversehrtheit des Staatsgebietes

cross-border *adj*	grenzüberschreitend
international, transnational, cross-border *adj*	staatenübergreifend, länderübergreifend
multinational [ˌmʌltɪˈnæʃnəl] *adj*	multinational
bilateral [baɪˈlætərəl] *adj (involving two parties)*	bilateral, zweiseitig *(zwei Akteure betreffend)*

multilateral [multi·'lat·er·al] *adj (involving more than two parties)*	multilateral, mehrseitig *(mehrere Akteure betreffend)*
unilateral [ˌjuːnɪ'lætərəl] *adj*	unilateral, einseitig
bilateral, multilateral relations	bilaterale, multilaterale Beziehungen
multilateral efforts	Anstrengungen, die Zusammenarbeit mehrerer Länder betreffend
world order *n*	Weltordnung
global policeman *n*	Weltpolizist

non-governmental organizations (NGOs) *n*	Nichtregierungsorganisationen (NGOs)
international governmental organizations (IGOs) *n*	Internationale Regierungsorganisationen (IROs)
nonprofit organization (NPO), non-profit(-making) organisation *(BE) n*	gemeinnützige Organisation *(nicht auf Gewinn ausgerichtet)*

Examples of international organizations	
International governmental organizations (IGOs)	**Internationale Regierungsorganisationen**
United Nations (UN) Organization for Security and Cooperation in Europe (OSCE) European Union (EU)	Vereinte Nationen Organisation für Sicherheit und Zusammenarbeit in Europa (OSZE) Europäische Union (EU)
International non-governmental organizations (NGOs)	**Internationale Nicht-Regierungsorganisationen**
International Red Cross and Red Crescent Movement Greenpeace Amnesty International ATTAC (Association for the Taxation of Financial Transactions and for Citizen's Action; anti-globalization movement) Occupy Movement (international movement against social and economic inequality)	Internationale Rotkreuz und Rothalbmond Bewegung Greenpeace Amnesty International ATTAC (Vereinigung für die Besteuerung von Finanztransaktionen und Bürgerinteressen; globalisierungskritische NGO) Occupy Protestbewegung (internationale Protestbewegung gegen soziale und wirtschaftliche Ungleichheit)

diplomatic *adj*	diplomatisch
diplomatic relations *n pl*	diplomatische Beziehungen

maintain good relations with sb	gute Beziehungen zu jmd. pflegen
establish / break off diplomatic relations	diplomatische Beziehungen aufnehmen / abbrechen

The Vienna Convention on Diplomatic Relations provides a complete framework for the establishment, maintenance and termination of diplomatic relations.
Das Wiener Übereinkommen über diplomatische Beziehungen regelt die Aufnahme, Erhaltung und den Abbruch diplomatischer Beziehungen.

embassy *n* ['embəsi]	Botschaft
ambassador *n* [æm'bæsədə]	Botschafter(in)
G20, G-20, Group of Twenty, G-20 major economies *n*	G-20, Gruppe der 20 wichtigsten Industrie- und Schwellenländer

2.3 The United Nations

the **United Nations (UN)** *n pl*	die Vereinten Nationen
the **General Assembly (of the UN)** *n*	die Vollversammlung (der UN)
the **Security Council** *n*	der UN-Sicherheitsrat
United Nations Human Rights Council *n*	UN Menschenrechtsrat
crisis ['kraɪsɪs], *pl* crises ['kraɪsiːz] *n*	Krise
a political crisis	eine politische Krise
an economic crisis	eine Wirtschaftskrise
talks *n pl*	Gespräche, Verhandlungen
crisis talks	Krisengespräche, Krisenverhandlungen

Crisis talks at the United Nations aimed at finding a political resolution to end the violence in Syria remain deadlocked.
Die UNO Krisengespräche, die zu einer politischen Lösung der Gewalt in Syrien führen sollten, bleiben festgefahren.

negotiate [nɪ'gəʊʃieɪt] *v*	verhandeln, aushandeln
agreement [ə'griːmənt] *n*	Abkommen, Vereinbarung
come to an agreement	sich einigen
resolution *n*	offizielle Erklärung, Beschluss

pass a resolution	eine offizielle Erklärung verabschieden
sanction *n*	Sanktion, Strafmaßnahme
economic sanctions	wirtschaftliche Sanktionen
impose sanctions (on sb)	Sanktionen (gegen jmd.) erlassen
summit ['sʌmɪt] *n*	Gipfel-; Gipfel(treffen)
emergency summit	Krisen-Gipfeltreffen
negotiation [nɪˌgəʊʃi'eɪʃn] *n*	Verhandlung
compromise ['kɒmprəmaɪz] *n*	Kompromiss
accord [ə'kɔːd] *n*	offizielles Abkommen
treaty ['triːti] *n*	Vertrag, Abkommen

---

international law *n*	Völkerrecht
subject to international law	dem internationalen Recht unterliegen, Völkerrechtssubjekt
world peace *n*	Weltfriede
peacekeeping *n*	Friedenssicherung
human rights *n*	Menschenrechte
Universal Declaration of Human Rights *n*	Universelle Menschenrechtserklärung

UN obligations	
safeguard peace and security protection of human rights international cooperation	Frieden und Sicherheit bewahren Schutz der Menschenrechte internationale Zusammenarbeit
implement equal rights for all peoples improvement of general living standards non-interference in domestic affairs	gleiche Rechte für die Völker erreichen Verbesserung der allgemeinen Lebensbedingungen Nichteinmischung in innere Angelegenheiten

charter of the United Nations *n*	Charta der Vereinten Nationen
willingness to abide by the charter	Bereitschaft, sich an die Charta zu halten
implement (sth) *v*	(etw.) implementieren, durchsetzen
fight (sth) *v*	(etw.) bekämpfen
maintain (sth) *v*	(etw.) (bei)behalten, (etw.) unterhalten
promote (sth) *v*	(etw.) fördern

strengthen (sth) *v*	(etw.) stärken
reduce (sth) *v*	(etw.) abbauen, verringern
Millennium Development Goals *n*	Millennium-Entwicklungsziele

The Millennium Development Goals aim to fight poverty, reduce child mortality and promote healthcare.
Die Millennium-Entwicklungsziele sind darauf gerichtet, Armut zu bekämpfen, Säuglingssterblichkeit zu verringern und das Gesundheitswesen zu fördern.

organ *n*	Organ, Einrichtung
main organ *n*	Hauptorgan
specialized agency *n*	Sonderorganisation
member *n*	Mitglied
membership structure	Mitgliedsstruktur
member state *n*	Mitgliedsstaat
outstanding payment of UN member states	Zahlungsrückstand der Mitgliedsstaaten

General Assembly *n*	Generalversammlung
United Nations Security Council (UNSC) *n*	Weltsicherheitsrat, Sicherheitsrat der Vereinten Nationen
permanent member *n*	ständiges Mitglied
non-permanent member *n*	nicht-ständiges Mitglied
meeting *n*	Versammlung, Zusammenkunft
extraordinary meeting	außergewöhnliche Zusammenkunft

consensus [kən'sentsəs] *n*	Konsens
unanimously [juː'nænɪməsli] *adv*	einstimmig, einmütig
to come to a unanimous decision	zu einer einmütigen Entscheidung kommen
veto ['viːtəʊ] *n*	Veto
veto sth ['viːtəʊ] *v*	Veto gegen etw. einlegen
veto power ['viːtəʊ paʊə] *n*	Vetomacht
power to veto	Macht, ein Veto einzulegen

UN Security Council members have issued a unanimous statement condemning human rights violations and the use of force.
Die Mitglieder des UN Sicherheitsrats haben eine Erklärung abgegeben und einstimmig die Menschenrechtsverletzungen und den Einsatz von Gewalt verurteilt.

mandate ['mændeɪt] *n*	Mandat
peacekeeping mission *n*	Friedenserhaltungsmission

peacekeeping and security mandate, humanitarian assistance mandate
Mandat zur Friedenssicherung, humanitäres Mandat

UN soldier, blue beret ['bereɪ], **blue helmet** *n* — UN-Blauhelm
principle of non-intervention *n* — Interventionsverbot
coercive measure [kəʊ'ɜːsɪv 'meʒə] *n* — Zwangsmaßnahme
by non-violent means — ohne Mittel der Gewalt, mit friedlichen Mitteln, gewaltfrei

humanitarian affairs *n pl* — humanitäre Angelegenheiten
human rights violation *n* — Menschenrechtsverletzung
atrocity [ə'trɒsəti] *n* — Gräueltat
genocide ['dʒenəsaɪd] *n* — Genozid, Völkermord
tragedy *n* — Tragödie

Caring citizens from around the world – including survivors of past atrocities – are calling for an effective genocide prevention system.
Engagierte Bürger auf der ganzen Welt, auch Überlebende vergangener Gräueltaten, fordern ein effektives Völkermord-Präventionssystem.

water crisis ['wɔːtə 'kraɪsɪs] *n* — Wasserkrise
famine ['fæmɪn] *n* — Hungersnot
technical assistance *n* — technische Unterstützung

2.4 The European Union

European [ˌjʊərə'piən] *adj* — europäisch, Europa-
the European Union (EU) *n* — die Europäische Union

EU organs	
European Parliament (EP) / Europarl European Council Council of the European Union / the Council / Council of Ministers European Commission European Central Bank (ECB) High Representative for Foreign Affairs and Security Policy of the European Union	Europäisches Parlament (EP) Europäischer Rat Rat der Europäischen Union / Rat / EU-Ministerrat Europäische Kommission Europäische Zentralbank (EZB) Hoher Vertreter der EU für Außen- und Sicherheitspolitik
Council of Europe (not an EU organ)	Europarat (kein Organ der EU)

European integration *n*	europäische Integration
the **European commission** *n*	die Europäische Kommission
EU policy [ˌiːˈjuːˈpɒləsi] *n*	EU-Politik

European community (EC)
europäische Gemeinschaft (EG)
Common foreign and security policy (CFSP)
Gemeinsame Außen- und Sicherheitspolitik (GASP)
Cooperation in domestic affairs, police and justice
Zusammenarbeit bei innenpolitischen Angelegenheiten, Polizei und Justiz

European identity *n*	europäische Identität
community of (shared) values *n*	Wertegemeinschaft
EU country *n*	EU-Land, EU-Staat
EU member state *n*	EU-Mitgliedsstaat
EU expansion, EU extension, EU enlargement *n*	EU-Erweiterung, EU-Vergrößerung
EU accession country [əkˈseʃn], **candidate country** *n*	EU-Beitrittsland, Beitrittskandidat
joining of the EU *n*	EU-Beitritt
EU citizen, citizen of the EU *n*	EU-Bürger(in)
EU citizenship *n*	Unionsbürgerschaft
EU-wide, within the EU *adj*	EU-weit
freedom of movement, free movement *n*	Freizügigkeit *(z. B. von Personen, Waren, und Dienstleistungen)*
external border (of the EU) *n*	(EU-)Außengrenze
internal border (of the EU) *n*	(EU-)Binnengrenze
Schengen Agreement *n*	Schengener Abkommen, Schengen-Abkommen
Schengen area	Schengen-Raum
euro zone, euro land, euro area *n*	Eurozone, Euroraum
tariff union [ˈtærɪf ˈjuːnjən] *n*	Zollunion
single European market, domestic market, internal market *n*	EU-Binnenmarkt
European Monetary System (EMS) *n*	Europäisches Wärungssystem
European Stability Mechanism (ESM) *n*	Europäischer Stabilitätsmechanismus *(Euro-Rettungsschirm)*

Euro Convergence Criteria (Maastricht criteria) *n*	EU-Konvergenzkriterien (Maastricht Kriterien)
debt crisis *n*	Schuldenkrise
rescue fund, rescue package, safety net (for the euro zone) *n*	Rettungsschirm

The European debt crisis has made it difficult for some members of the European Union to refinance their government debts.
Die europäische Schuldenkrise hat es für einige EU-Mitgliedsstaaten schwer gemacht, ihre Staatsschulden zu refinanzieren.

eurocracy ['jʊərəʊ krəsi] *n*	Bürokratie der EU
Euroscepticism *n*	Euroskeptizismus

2.5 NATO

North Atlantic Treaty Organization (NATO) *n*	NATO, Nordatlantikpakt, Organisation des Nordatlantikvertrags
ally ['ælaɪ] *n*	Verbündeter, Alliierter, verbündeter Staat
alliance [ə'laɪənts] *n*	Allianz
military alliance	militärische Allianz
intergovernmental alliance	zwischenstaatliches Bündnis
defense *n*	Verteidigung
system of collective defense	System kollektiver Verteidigung
military intervention *n*	militärische Intervention
military operation *n*	Militäroperation
NATO-assistance ['neɪtəʊ ə'sɪstəns] *n*	NATO-Unterstützung

seek NATO-assistance	um NATO-Unterstützung ersuchen
NATO-led security mission	eine von der NATO angeführte Sicherheitsmission

NATO soldier ['səʊldʒə] *n*	Nato-Soldat
ISAF (International Security Assistance Force) *n*	Internationale Sicherheitsunterstützungstruppe
deploy *v*	entsenden
patrol [pə'trəʊl] *n*	Patrouille

embargo [ɪm'bɑːgəʊ] *n*	Embargo, Einfuhrstopp, Einfuhrbeschränkung
no-fly-zone, no-fly-area *n*	Flugverbotszone
naval blockade ['neɪvəl blɒk'eɪd], **sea blockade** *n*	Seeblockade

> **NATO Allies began enforcing an arms embargo by maintaining a no-fly zone.**
> NATO Alliierte haben begonnen ein Waffenembargo durchzusetzen indem sie eine Flugverbotszone einrichteten.

cold war *n*	Kalter Krieg
Warsaw Pakt *n*	Warschauer Pakt

2.6 OSCE

Organization for Security and Co-operation in Europe (OSCE) *n*	Organisation für Sicherheit und Zusammenarbeit in Europa (OSZE)
human rights *n*	Menschenrechte
freedom *n*	Freiheit
security *n*	Sicherheit
welfare *n*	Wohlstand
early warning *(of social, political grievances) n*	Früherkennung *(sozialer, politischer Misstände)*
conflict prevention *n*	Konfliktprävention
freedom of the press *n*	Pressefreiheit
arms control *n*	Waffenkontrolle
free elections *n pl*	freie Wahlen
election monitor *n*	Wahlbeobachter(in)
crisis management *n*	Krisenmanagement
world economic order *n*	Weltwirtschaftsordnung
foreign trade relations *n pl*	Außenhandelsbeziehungen
diplomatic relations *n pl*	diplomatische Beziehungen
cultivation of friendly neighbourly relations	Pflege freundschaftlicher Nachbarschaftsbeziehungen
alliance [ə'laɪəns] *n*	Bündnis
alliance partner [ə'laɪəns 'pɑːtnə] *n*	Bündnispartner

multilateral [mʊltilate'raːl] *adj (involving more than two parties)*	multilateral, mehrseitig *(mehrere Akteure betreffend)*
bilateral [baɪ'lætərəl] *adj (involving two parties)*	bilateral, zweiseitig *(zwei Akteure betreffend)*
unilateral [ˌjuːnɪ'lætərəl] *adj*	unilateral, einseitig

power politics *n*	Machtpolitik
expansionist politics *n*	Expansionspolitik
support *n*	Unterstützung
protection *n*	Schutz
defense *n*	Verteidigung

observer mission [əb'zɜːvə 'mɪʃn] *n*	Beobachtermission
peace operation *n*	Friedensmission
humanitarian mission [hjuːˌmænɪ'teəriən mɪʃn] *n*	humanitäre Mission

participation in international humanitarian and peacekeeping missions
Teilnahme an internationalen humanitären und friedenserhaltenden Missionen

rescue mission ['reskjuː mɪʃn] *n*	Rettungsmission
evacuation mission [ɪˌvækju'eɪʃn 'mɪʃn] *n*	Evakuierungsmission
anti-piracy mission ['ænti 'paɪrəsi 'mɪʃn] *n*	Anti-Piraterie-Mission
support mission *n*	Unterstützungsmission

official development assistance (ODA) *n*	Offizielle Entwicklungshilfe
advisor *n*	Berater
advise *v*	beraten

The OSCE serves as a multilateral forum for dialogue and negotiation between East and West.
Die OSZE dient als multilaterales Forum für den Ost-West Austausch und Dialog.

2.7 Development issues

development *n*	Entwicklung
developed *adj*	entwickelt

Status of development	
highly developed economy	hoch entwickelte Wirtschaft
more economically developed country (MEDC)	wirtschaftlich weiter entwickeltes Land
newly industrializing country (NIC),	Schwellenland
less economically developed country (LEDC)	weniger wirtschaftlich entwickeltes Land

developing country *n*	Entwicklungsland
industrialized country, developed country *n*	Industriestaat
a (highly) developed country, a developed region	ein (hoch)entwickeltes Land, eine entwickelte Region

Kofi Annan, former Secretary General of the United Nations, defined a developed country as follows: "A developed country is one that allows all its citizens to enjoy a free and healthy life in a safe environment."
Der frühere UN-Generalsekretär Kofi Annan definiert ein „entwickeltes" Land folgendermaßen: „Ein ‚entwickeltes' Land ist ein Land, das es seinen Bürgerinnen und Bürgern erlaubt, sich eines freien und gesunden Lebens in einer sicheren Umgebung zu erfreuen."

transition country *n*	Schwellenstaat, Reformland, Transformationsland, Übergangsland
country in transition (to democracy)	Transformationsland, Übergangsland
emerging economy *n*	Schwellenland
BRIC countries *(Brazil, Russia, India, China) n*	BRIC-Länder
Asian Tiger States, Four Asian Tigers, Asian Dragons *(Hong Kong, South Korea, Taiwan, Singapore) n*	asiatische Tigerstaaten

development strategy *n*	Entwicklungsstrategie
development policy *n*	Entwicklungspolitik
development cooperation *n*	Entwicklungszusammenarbeit
development funds *n pl*	Entwicklungsgelder

aid *n*	Hilfe
relief [rɪ'liːf] *n*	Nothilfe
helping others to help themselves	Hilfe zur Selbsthilfe
development aid *n*	Entwicklungshilfe
underdevelopment *n*	Unterentwicklung
undesirable development *n*	Fehlentwicklung

third world *n*	Dritte Welt
backwardness *n*	Rückständigkeit
social and economic backwardness	soziale und wirtschaftliche Rückständigkeit

poverty ['pɒvəti] *n*	Armut
fight against poverty	gegen Armut kämpfen, Armut bekämpfen
poverty line ['pɒvəti laɪn], **poverty level** [pɒvəti 'levəl] *n*	Armutsgrenze
live below the poverty line	unter der Armutsgrenze leben
prosperity [prɒs'perəti] *n*	Wohlstand
island of prosperity	Insel des Wohlstands
ocean of poverty	Meer der Armut
per capita income [pə'kæpɪtə 'ɪŋkʌm] *n*	Pro-Kopf-Einkommen
income gap, disparity of incomes *n*	Einkommensschere, Einkommensgefälle
prosperity gap [prɒs'perəti gæp], **difference in the standard of living** *n*	Wohlstandsgefälle

child labour *n*	Kinderarbeit
sweat shop *n*	Ausbeutungsbetrieb, Sweat-Shop
low-wage country *n*	Billiglohnland, Niedriglohnland

overpopulation *n*	Überbevölkerung
starvation [stɑː'veɪʃn] *n*	Hungertod, Hunger
malnutrition [ˌmælnjuː'trɪʃn] *n*	Fehlernährung, Unterernährung
malnourished [ˌmæl'nʌrɪʃt] *adj*	unterernährt

„You cannot drive economic growth in a place where 50 % of the people are infected with malaria or half of the kids are malnourished or a third of the mothers are dying of AIDS." (Thomas Friedman, 540)
Man kann wirtschaftliches Wachstum nicht dort beschleunigen wo 50 % der Bevölkerung mit Malaria infiziert sind oder die Hälfte aller Kinder unterernährt sind oder ein Drittel aller Mütter AIDS haben.

education *n*	Bildung
uneducated *adj*	ungebildet
illiteracy [ɪ'lɪtərəsi] *n*	Analphabetentum
be illiterate	nicht lesen können *(als funktionaler Analphabet gelten)*
life expectancy *n*	Lebenserwartung
infant mortality *n*	Kindersterblichkeit
sanitation *n*	sanitäre Einrichtungen, Abwasserkanalisation
hygienic [haɪ'dʒiːnɪk] *adj*	hygienisch
epidemic [ˌepɪ'demɪk] *n*	Seuche, Epidemie
nepotism ['nepətɪzm] *n*	Nepotismus, Vetternwirtschaft
corruption *n*	Korruption
bribery *n*	Bestechung
tribalism ['traɪbəlɪzm] *n*	Stammessystem
gap, gulf, divide, rift *n*	Kluft

ethnic cultural political social	gap gulf divide rift	ethnische kulturelle politiche soziale	Spaltung Kluft Teilung

ethnic conflict ['eθnɪk 'kɒnflɪkt] *n*	ethnischer Konflikt
bureaucracy [bjʊə'rɒkrəsi] *n*	Bürokratie
planned economy *n*	Planwirtschaft
élite [ɪ'liːt] *n*	Elite, Führungsschicht
coup d'état [ˌkuːdeɪ'tɑː] *n*	Staatsstreich
civil war [sɪvəl wɔː] *n*	Bürgerkrieg
conflict over the distribution of resources *n*	Verteilungskonflikt
rebel ['rebəl] *n*	Rebell(in)
slum *n*	Slum
slum dweller *n*	Slumbewohner(in)

hut, shack *n*	Hütte, Baracke

corrugated iron shack
Wellblechhütte

underdeveloped *adj*	strukturschwach
economically underdeveloped region	strukturschwaches Gebiet, Region
vicious circle of poverty *n*	Teufelskreis der Armut

escape (from) perpetuate	the vicious circle	dem Teufelskreis entkommen den Teufelskreis fortsetzen

downward spiral *n*	Abwärtsspirale
donation *n*	Spende
donate *v*	spenden
donor country *n*	Geberland
receiving country *n*	Empfängerland

In developing countries, structural factors related to politics, culture, and economy perpetuate the vicious cycle of poverty.
Es sind politische, kulturelle und wirtschaftliche Strukturfaktoren, die den Teufelskreis der Armut in Entwicklungsländern weiter fortsetzen.

2.8 Migration

migration [maɪ'greɪʃn] *n*	Wanderung, Abwanderung, Migration
migrate [maɪ'greɪt] *v*	abwandern, migrieren
migrant ['maɪgrənt] *n*	Zuwanderer(in), Gastarbeiter(in)
migratory movement ['maɪgrətəri], **migration movement** *n*	Wanderungsbewegung
population *n*	Bevölkerung
migrant population	Migrantenbevölkerung
outgoing population	abwandernde Bevölkerung
incoming population	einwandernde Bevölkerung
domestic population	einheimische Bevölkerung
resident population	ansässige Bevölkerung
people *n*	Volk

indigenous people	Ureinwohner, ursprüngliche Bevölkerung, indigenes Volk
inhabitant *n*	Einwohner(in)

out-migration *n*	Abwanderung
job migration *n*	Abwanderung von Arbeit
brain drain [breɪn dreɪn] *n*	Abwanderung Hochqualifizierter ins Ausland
migrant labourer *n*	Wanderarbeiter(in)
labour migration *n*	Arbeitsmigration
economic migrant, economic refugee *n*	Wirtschaftsmigrant(in), Wirtschaftsflüchtling

immigrant ['ɪmɪgrənt] *n*	Einwanderer(in)
immigrant population *n*	eingewanderte Bevölkerung
immigrate ['ɪmɪgreɪt] *v*	einwandern
emigrant ['emɪgrənt] *n*	Auswanderer(in)
emigrate *v*	auswandern
resettle *v*	umsiedeln

country of immigration, immigration country *n*	Einwanderungsland
country of origin, country of emigration, emigration country *n*	Auswanderungsland, Herkunftsland
accepting country, host country *n*	Aufnahmeland

refugee [ˌrefjʊ'dʒiː] *n*	Flüchtling

political refugee recognized refugee	politischer Flüchtling anerkannter Flüchtling
tolerated refugee person with exceptional leave to remain for humanitarian reasons	geduldeter Flüchtling
refugee travel document, refugee's travel document	Reiseausweis für Flüchtlinge

influx of refugees ['ɪnflʌks] *n*	Flüchtlingsstrom
refugee camp *n*	Flüchtlingslager

asylum [ə'saɪləm] *n*	Asyl
political asylum	politisches Asyl

the right to asylum das Recht auf Asyl	
to apply for political asylum to seek political asylum	um Asyl bitten
to grant sb political asylum	jmd. Asyl gewähren

persecute ['pɜːsɪkjuːt] *v* — verfolgen
persecution [ˌpɜːsɪ'kjuːʃn] *n* — Verfolgung

victim of political persecution
politisch Verfolgte(r)

persecutor ['pɜːsɪkjuːtə] *n* — Verfolger

trafficker ['træfɪkə], **human trafficker** *n* — Menschenhändler(in), Schleuser
trafficking, human trafficking, trafficking in humans *n* — Menschenhandel
human trafficker, facilitator (of illegal entry) [fə'sɪlɪteɪtə] *n* — Schleuser

Amnesty International campaigns for the human rights of migrants, refugees and asylum-seekers in Europe and at its borders.
Amnesty International setzt sich ein für die Wahrung der Menschenrechte für Migranten, Flüchtlinge und Asylanten in und an den Grenzen Europas.

2.9 Population and demographics

population *n* — Bevölkerung
urban population — städtische Bevölkerung
rural population — ländliche Bevölkerung
the majority of the population — die Bevölkerungsmehrheit, die Mehrheit der Bevölkerung
working population, labour force *n* — Erwerbsbevölkerung
economically active population — erwerbstätige Bevölkerung
indigenous population [ɪn'dɪdʒɪnəs] *n* — einheimische Bevölkerung, indigene Bevölkerung, eingeborene Bevölkerung
populace ['pɒpjələs] *n* — die breite Masse, die einfache Bevölkerung, das gemeine Volk

the local populace	die örtliche Bevölkerung

population development *n* — Bevölkerungsentwicklung
population growth *n* — Bevölkerungswachstum
population explosion *n* — Bevölkerungsexplosion
population density *n* — Bevölkerungsdichte
population movement *n* — Bevölkerungsbewegung (z. B. aufgrund von demographischen Faktoren)

declining dense floating	population	abnehmende dichte nicht-sesshafte	Bevölkerung
child population aged population aging population		Anteil der Kinder an der Bevölkerung Anteil der Alten an der Bevölkerung alternde Bevölkerung	

demographics [ˌdeməˈgræfiks] *n (quantity and characteristics of the people living in a particular area)* — Demografie *(Zusammensetzung der Bevölkerung einer bestimmten Gegend)*
demography [dɪˈmɒgrəfi] *n (field of study)* — Demografie *(Fachrichtung)*
population structure, demographic structure *n* — Bevölkerungsaufbau, Bevölkerungsstruktur
population size *n* — Bevölkerungsgröße
demographic group, population group *n* — Bevölkerungsgruppe
population pyramid *n* — Bevölkerungspyramide, Alterspyramide
populous [ˈpɒpjələs] *adj* — dicht besiedelt

densely populated region
dichte bevölkerte Gegend

less populous region	bevölkerungsärmere Gegend

Talking about graphs	
graph chart diagram	Diagramm
pie chart circle chart bar chart line chart	Tortendiagramm, Kuchendiagramm Kreisdiagramm Balkendiagramm Liniendiagramm
upward sloping graph / line downward sloping graph / line turning point	steigende Kurve fallende Kurve Wendepunkt
The graph illustrates… The graph demonstrates… The horizontal axis indicates… The vertical axis shows… The trend is… The tendency is increasing. The tendency is decreasing.	Das Diagramm zeigt… Das Diagramm macht deutlich… Die horizontale Achse deutet an, dass… Die vertikale Achse zeigt, dass… Der Trend ist… Die Tendenz ist steigend. Die Tendenz ist fallend

3 Crises and conflicts

3.1 Crises

crisis ['kraɪsɪs], *pl* crises ['kraɪsiːz] *n* — Krise

political / economic / humanitarian	crisis	politische / wirtschaftliche / humanitäre	Krise

tension *n*	Spannung
tense *adj*	angespannt
provocation [ˌprɒvə'keɪʃn] *n*	Provokation
provoke [prə'vəʊk] *v*	provozieren
hostilities [hɒs'tɪlɪtiz] *n pl*	Feindseligkeiten, Kämpfe, Kampfhandlungen
hostile ['hɒstaɪl] *adj*	feindlich, feindselig
hostile environment	feindselige Umgebung
crisis-management *n*	Krisenmanagement
summit (meeting) ['sʌmɪt] *n*	Gipfel(treffen)
emergency summit	Krisengipfeltreffen
conference *n*	Konferenz
peacekeeping *n*	Friedenssicherung
prevention of war *n*	Kriegsverhinderung, Kriegsvermeidung
talks *n pl*	Gespräche, Verhandlungen
crisis talks	Krisengespräche
negotiation [nɪˌgəʊʃi'eɪʃn] *n*	Verhandlung
negotiate [nɪ'gəʊʃieɪt] *v*	verhandeln, aushandeln
compromise ['kɒmprəmaɪz] *n*	Kompromiss
compromise agreement	Vergleich

seek / reach / come to / negotiate	a compromise	einen Kompromiss schließen / um einen Kompromiss ringen / einen Kompromiss aushandeln

The Eurozone countries reached a compromise after tense negotiations.
Die Länder der Eurozone gelangten nach angespannten Verhandlungen zu einem Kompromiss.

resolution *n*	offizielle Erklärung, Beschluss, Resolution
peaceful resolution	friedliche Lösung
resolve (sth) *v*	(etw.) beschliessen, (etw.) lösen, (etw.) klären

resolve	a problem one's differences	ein Problem lösen seine Differenzen beilegen
the crisis resolved itself		die Krise legte sich von selbst

sanction *n*	Sanktion, Strafmaßnahme
sanction ['sæŋkʃn] *v*	sanktionieren, verbieten
impose sanctions on sb	jmd. sanktionieren
impose sanctions against sb	gegen jmd. Sanktionen einlegen
break off, broke off, broken off *v*	abbrechen
break off diplomatic relations (with sb)	diplomatische Beziehungen (zu / mit jmd.) abbrechen

The foreign minister made it clear that regardless of the economic consequences his government would immediately break off diplomatic relations with any state that agreed to the sanctions and signed the resolution.
Der Außenminister machte deutlich, dass seine Regierung, ohne Rücksicht auf die wirtschaftlichen Konsequenzen, die diplomatischen Beziehungen zu allen Staaten sofort abbrechen werde, die den Sanktionen zustimmten und die Resolution unterschrieben.

hegemony [hɪ'gemənі] *n*	Vorherrschaft, Hegemonie
unipolarity ['juːnɪˌpəʊ'lærɪti] *n (one central power with regard to cultural, economic, military influence)*	Unipolarität *(eine zentral Macht im Hinblick auf kulturellen, ökonomischen, militärischen Einfluss)*
unipolar ['juːnɪpəʊlə] *adj*	unipolar
multipolarity ['mʌltipəʊ'lærɪti] *n (four or more centres of powers)*	Multipolarität *(vier oder mehr Machtzentren)*
multipolar [mʌlti'pəʊlə] *adj*	multipolar

dispute [dɪ'spjuːt] *n*	Streit, Streitigkeit
struggle *n*	harter Kampf, Ringen
destabilization *n*	Destabilisierung
destabilize *v*	destabilisieren

coup d'état [ˌkuːdeɪ'tɑː] *n*	Staatsstreich
use of force *n*	Gewaltanwendung
military coup ['mɪlɪtri kuː] *n*	Militärputsch
military junta ['mɪlɪtri 'dʒʌntə] *n*	Militärjunta
state terror *n*	Staatsterror
assault *n*	Übergriff
assaults on the civilian population	Übergriffe auf die Zivilbevölkerung

unrest *n*	Aufruhr
insurrection [ˌɪnsər'ekʃn] *n*	Auflehnung, Aufruhr, Aufstand
insurgence [ɪn'sɜːdʒəns] *n*	Auflehnung, Aufruhr
insurgency [ɪn'sɜːdʒənsi] *n*	(politische, militärische) Aufstandsbewegung *(infolge eines Aufruhrs)*
counterinsurgency *n*	Aufstandsbekämpfung

During the Libyan counterinsurgency, there were fears that warlords would seize power as they had previously done in Somalia.
Während der Aufstandsunruhen in Libyen gab es die Befürchtung, dass Warlords an die Macht kommen würden, so wie es vorher schon in Somalia passiert war.

intervention *n*	Intervention
troops *n pl*	Truppen
commit troops	Truppen entsenden
troop surge	starke Erhöhung der Truppenstärke
mission *n*	(militärische) Mission

secret covert undercover	mission	geheime Mission

combat *n*	Kampf, Schlacht, Gefecht
combat operation *n*	Kampfhandlung
field of operation, scope of action *n*	Einsatzgebiet

3.2 Conflict and conflict resolution

conflict *n*	Konflikt, Auseinandersetzung
north-south conflict	Nord-Süd-Konflikt

conflict over raw material deposits	Konflikt um Rohstoffvorkommen
conflict between cultures	Konflikt zwischen Kulturen
conflict resolution *n*	Konfliktlösung
conflict prevention *n*	Konfliktvermeidung, Konfliktprävention

The United Nations has undertaken measures to promote a comprehensive approach on conflict prevention, peacebuilding and development.
Die Vereinten Nationen haben Maßnahmen ergriffen, die einen umfassenden Ansatz bezüglich Konfliktvermeidung, Friedensbildung und Entwicklung unterstützen.

political hot spot, area of conflict *n*	Konfliktherd
cause of conflict *n*	Konfliktursache

poverty ['pɒvəti] *n*	Armut
economic decline *n*	wirtschaftlicher Verfall
social inequality *n*	soziale Ungleichheit
underdevelopment *n*	Unterentwicklung
human rights violation *n*	Menschenrechtsverletzung
hegemonic dominance [ˌhegɪ'mɒnɪk 'dɒmɪnəns] *n*	Hegemonialansprüche
distribution of power *n*	Machtverteilung

security *n*	Sicherheit

all-embracing economic social ecological shared preventive	security	allumfassende ökonomische soziale ökologische gemeinsame vorbeugende	Sicherheit

peace *n*	Frieden

negative positive instable stable	peace	negativer positiver instabiler stabiler	Frieden

securing of peace *n*	Friedenssicherung
violence *n*	Gewalt

military physical structural	violence	militärische physische strukturelle	Gewalt

monopoly on force *n*	Gewaltmonopol
rule of law *n*	Rechtsstaatlichkeit
composure [kəm'pəʊʒə] *n*	Affektkontrolle
self-control *n*	Selbstbeherrschung
basic attitude, disposition *n*	Grundhaltung

3.3 War

war *n*	Krieg
declare war on sb	jmd. den Krieg erklären
be at war with sb	sich im Kriegszustand mit jmd. befinden
war atrocities	Kriegsgräuel
absence of war	Abwesenheit von Krieg
prevention of war	Kriegsverhinderung, Kriegsvermeidung

Peace is not simply the absence of war.
Frieden heißt nicht nur Abwesenheit von Krieg.
War is merely the continuation of politics by other means.
Der Krieg ist die bloße Fortsetzung der Politik mit anderen Mitteln.
(Carl v. Clausewitz)

civil war [sɪvəl wɔː] *n*	Bürgerkrieg
guerrilla war [gə'rɪlə] *n*	Guerrilla Krieg
war of conquest *n*	Eroberungskrieg
holy war *n*	heiliger Krieg
war on terror(ism) *n*	Krieg gegen den Terrorismus
war over natural resources *n*	Krieg um Bodenschätze

hostilities [hɒs'tɪlɪtiz] *n pl*	Feindseligkeiten, Kämpfe, Kampfhandlungen
aggression *n*	Angriff, Übergriff, Aggression
an act of aggression	eine aggressive Handlung, ein Angriff

enemy ['enəmi] *n*	Feind, Gegner
ally ['ælaɪ] *n*	Verbündeter, Alliierter, verbündeter Staat

allied ['ælaɪd] *adj*	alliierte(r, s), Alliierten-

The conflict in Afghanistan created a dispute among the allies as to who the enemy was.
Der Konflikt in Afghanistan führte zu einem Streit unter den Verbündeten darüber, wer der Feind war.

the military ['mɪlɪtri] *n*	das Militär
military *adj*	militärisch
military campaign *n*	Feldzug

The terrorist attacks of Sept. 11, 2001 led to a global war on terror, an international military campaign initiated by the United States and Great Britain.
Die Terroranschläge vom 11. September 2001 führten zu einem globalen Krieg gegen den Terror, einem internationalen Feldzug initiiert von den USA und Großbritannien.

military service *n*	Wehrdienst, Wehrpflichtdienst
take military action	Militär einsetzen, Kriegshandlungen durchführen
army *n*	Militär, Armee
in the army	beim Militär
force *n*	militärische Gewalt
the **armed forces,** the **services** *n pl*	die Streitkräfte

unit *n*	Truppeneinheit
base *n*	Stützpunkt, Garnison
air base	Luftwaffenstützpunkt
naval base	Marinestützpunkt
camp *n*	Feldlager
air force *n*	Luftwaffe
navy *n*	Marine, Seestreitkräfte
headquarters (HQ) [ˌhed'kwɔːtəz] [eɪtʃ'kjuː] *n pl*	Hauptquartier

At the Pentagon, the US military headquarters, the decision was made to take military action in Iraq.
Im Pentagon, dem amerikanischen militärischen Hauptquartier, wurde die Entscheidung gefällt, militärische Einsätze gegen den Irak vorzunehmen.

troops *n pl*	Soldaten, Truppen
soldier *n*	Soldat(in)
child soldier *n*	Kindersoldat(in)
volunteer [ˌvɒlən'tɪə] *n*	Freiwillige(r)

prisoner of war (POW) [ˌprɪzənəəvˈwɔː] [piːəʊˈdʌblˌjuː] *n*	Kriegsgefangene(r)
order *n*	Befehl
one who takes orders, recipient of orders, heeler	Befehlsempfänger(in)

battle *n*	Schlacht
attack *v*	angreifen
defence *n (of a country)*	Verteidigung *(eines Landes)*
defend *v*	verteidigen
resist *v*	widerstehen, sich wehren
resistance [rɪˈzɪstəns] *n*	Widerstand
surround *v*	umzingeln, einschließen
advance [ədˈvɑːns] *v*	vordringen, vorrücken
siege [siːʤ] *n*	Belagerung
besiege sth, lay siege to sth	(etw.) belagern
under siege	belagert

capture *v*	gefangen nehmen
occupy *v*	besetzen, in Besitz nehmen
invade [ɪnˈveɪd] *v*	einmarschieren, eindringen
invade a country	in ein Land einmarschieren
invasion [ɪnˈveɪʒən] *n*	Invasion, Einmarsch

Colin Powell argued before the UN Security Council that the presence of weapons of mass destruction in Iraq justified invading that country.
Colin Powell argumentierte vor dem UN Sicherheitsrat, dass die Existenz von Massenvernichtungswaffen im Irak, einen Einmarsch in das Land rechtfertige.

retreat *n*	geordneter Rückzug
retreat *v*	sich zurückziehen
surrender *v*	sich ergeben, kapitulieren
ceasefire [ˈsiːsfaɪə] *n*	Waffenstillstand
defeat *n*	Niederlage
victory *n*	Sieg

phase-out [feɪz aʊt] *n*	stufenweiser Rückzug
pullout *n*	Rückzug, Truppenabzug
pullback *n*	Truppenrückzug

arms *n pl*	Waffen

to arm sb (with sth)	jmd. (mit etw.) bewaffnen
to take up arms (against sb / sth)	den Kampf (gegen jmd. / etw.) aufnehmen
to arm a bomb	eine Bombe scharf machen

weapon *n*	Waffe
conventional weapons	konventionelle Waffen, nichtnukleare Waffen
nuclear weapon *n*	Atomwaffe
weapon of mass destruction (WMD) *n*	Massenvernichtungswaffe

Weapons of mass destruction (WMDs) are chemical, biological, radiological, or nuclear weapons with a high potential of destruction.
Massenvernichtungswaffen sind chemische, biologische, radiologische oder nukleare Waffen mit großem Vernichtungspotential.

gun *n*	Feuerwaffe *(Kanone, Gewehr, Pistole)*
bullet *n*	(Gewehr-, Pistolen-)Kugel
target ['tɑːgɪt] *n*	Zielscheibe, Ziel
fire *v*	feuern, schießen
fire (a gun) at sb / sth	auf jmd. / etw. schießen
shoot, shot, shot *v*	schießen, erschießen
shot *n*	Schuss

explosion [ɪk'spləʊʒən] *n*	Explosion
explode [ɪk'spləʊd] *v*	explodieren
blow up, blew up, blown up *v*	in die Luft jagen, sprengen
destroy [dɪ'strɔɪ] *v*	zerstören, vernichten
destruction [dɪ'strʌkʃn] *n*	Zerstörung, Vernichtung

drone [drəʊn] *n*	Drohne
drone missile strike	Drohnenangriff

Drone missile strikes and other covert operations created a hostile environment for the US in Pakistan.
Drohenangriffe und andere geheime Kampfoperationen führten zu einer feindseligen Situation für die Amerikaner in Pakistan.

bomb [bɒm] *v*	bombardieren
atom bomb	Atombombe
missile ['mɪsaɪl] *n*	Rakete

raid [reɪd] *n*	Angriff
rescue *v*	retten
shelter *n*	Schutzraum, Bunker
air-raid shelter	Luftschutzbunker
civilian [sɪ'vɪlɪən] *n*	Zivilist(in)
non-combatant [ˌnɒn 'kɒmbətənt] *n*	Nichtkämpfende(r), Zivilist(in), Nonkombattant(in)
flee (from sb / sth)	(vor jmd. / etw.) flüchten
refugee [ˌrefjʊ'dʒiː] *n*	Flüchtling
exile ['eksaɪl] *n*	Exil

Hundreds of thousands of refugees fled the war-shattered country.
Hunderttausende von Flüchtlingen flohen das kriegszerstörte Land.

3.4 Terror and extremism

terrorism *n*	Terrorismus
terrorist *adj*	terroristisch

national international transnational	terrorism	nationaler internationaler transnationaler	Terrorismus
religiously motivated political ethnic-nationalist	terrorism	religiös motivierter politisch motivierter ethnisch-nationaler	Terrorismus
nuclear terrorism		atomarer Terrorismus	

homegrown terrorism *n*	„hausgemachter" Terrorismus
right-wing terrorism	rechter Terrorismus
left-wing terrorism	linker Terrorismus
terrorist *n*	Terrorist
terrorist leader *n*	Terroristenführer
"lone-wolf" terrorist [ləʊn wʊlf] *n*	terroristischer Einzeltäter

Experts are divided on what the greatest terrorist threat is, religiously or politically motivated terrorism or acts by home-grown "lone-wolf" terrorists.
Experten sind sich uneinig darüber, was die größte Terrorgefahr ist: religiös oder politisch motivierter Terrorismus oder Angriffe inländischer Einzeltäter.

terror cell *n*	Terrorzelle
terror group *n*	Terrorgruppe

terror network *n*	Terrornetzwerk
terror threat *n*	Terrorgefahr, Terrordrohung
terror warning *n*	Terrorwarnung
terrorist attack, terror attack *n*	Terroranschlag
waive of terror [weɪv] *n*	Terrorwelle
terror attempt *n*	Anschlagsversuch
sleeper (terrorist) *n*	Schläfer

terror *n*	Furcht, schreckliche Angst, Terror
spread terror	Terror verbreiten, Angst verbreiten
threat [θret] *n*	Bedrohung
impact *n*	Wirkung
psychological impact	psychologische Wirkung
coercion [kəʊ'ɜːʃn] *n*	Nötigung, Zwang
coerce [kəʊ'ɜ] *v*	nötigen, zwingen

Terrorism is the use of force or violence against persons or property to intimidate or coerce people or a government.
Terrorismus ist die Ausübung von Zwang oder Gewalt gegenüber Personen oder Besitz, um Menschen oder Regierungen einzuschüchtern oder zu nötigen.

credibility [ˌkredə'bɪləti] *n*	Glaubwürdigkeit

attack *n*	Attentat, Anschlag
suicide attack ['suːɪsaɪd ə'tæk] *n*	Selbstmordanschlag
bomb [bɒm] *n*	Bombe
plant a bomb	eine Bombe legen
explosive [ɪk'spləʊsɪv] *n*	Sprengstoff
explosive belt, explosive vest, suicide belt ['suːɪsaɪd], **suicide vest** ['suːɪsaɪd ˌvest] *n*	Sprengstoffgürtel, Sprengstoffweste
suicide bomber ['suːɪsaɪd ˌbɒmə] *n*	Selbstmordattentäter *(mit Bombe)*
(self-)sacrifice [sækrɪfaɪs] *n*	(Selbst-)Opfer(ung)
self-immolation [ˌɪməʊ'leɪʃn] *n*	Selbstverbrennung

The UN has condemned the suicide bombings as serious terrorist attacks.
Die Vereinten Nationen haben die Selbstmordattentate als ernsthafte Terroranschläge verurteilt.

assassination [əˌsæsɪ'neɪʃn] *n*	Attentat
to assassinate sb	ein Attentat auf jmd. verüben
assassin [ə'sæsɪn] *n*	Attentäter

hijacking ['haɪdʒækɪŋ] *n*	Entführung *(Flugzeug, Fahrzeug)*
hijack ['haɪdʒæk] *v*	entführen *(Flugzeug, Fahrzeug)*
kidnapping *n*	Entführung *(Person)*
kidnap *v*	entführen *(Person)*
hostage ['hɒstɪdʒ] *n*	Geisel
take sb hostage	jmd. als Geisel nehmen
hostage rescue operation	Geiselbefreiungsaktion
execution [ˌeksɪ'kjuːʃn] *n*	Hinrichtung
execute ['eksɪkjuːt] *v*	hinrichten
claim of responsibility *n*	Bekennerschreiben
avowal of the deed	Bekenntnis zur Tat
crowd *n*	Menschenansammlung
casualty ['kæʒjuəlti] *n*	Todesopfer
counterterrorism *n*	Terrorismusabwehr, Terrorismusbekämpfung, Terrorbekämpfung
counterterrorism policy	Politik zur Terrorbekämpfung
counterterrorism strategy	Strategie zur Terrorbekämpfung
anti-terror law, anti-terror act *n*	Anti-Terror-Gesetz, Terrorismusbekämpfungsgesetz
hold sb under terror law	jmd. unter Terrorgesetzgebung festhalten
anti-terror(ism) operations *n*	Anti-Terror-Operationen
terror dragnet *n*	Terrorfahndung
suspected terrorist, terror suspect *n*	Terrorverdächtige(r)
wanted list, wanted poster *n*	Fahndungsliste, Fahndungsposter
hunt (down sb) *v*	(jmd.) jagen
hunt for terrorists	Terroristenjagd
bounty *n*	Kopfgeld
set up a bounty	ein Kopfgeld aussetzen
war on terror(ism) *n*	Krieg gegen den Terrorismus
declare war on terror	dem Terror den Krieg erklären
combat terrorism	Terrorismus bekämpfen

9/11, September 11 attacks	
Anschlag auf das World Trade Center am 11. September 2001	
Operation Enduring Freedom	
Operation dauerhafte Freiheit (2001)	
Operation Iraqi Freedom	
Operation irakische Freiheit (2003)	

rogue state [rəʊg] *n* — Schurkenstaat
terror regime ['terə reɪ'ʒiːm] *n* — Schreckensherrschaft, Terrorregime

The US defines rogue states as countries that are ruled by an authoritarian regime that supports terrorism.
Die USA definieren Schurkenstaaten als Länder, die von einem autoritären Regime gesteuert werden, das den Terrorismus unterstützt.

extremism [ɪk'striːmɪzm] *n* — Extremismus
radicalism *n* — Radikalismus
fundamentalism [ˌfʌndə'mentəlɪzm] *n* — Fundamentalismus

political / religious extremism	politischer / religiöser Extremismus
political / religious fundamentalism	politischer / religiöser Fundamentalismus
political / religious radicalism	politischer / religiöser Radikalismus

doctrine ['dɒktrɪn] *n* — Doktrin, Rechtfertigung
indoctrinate [ɪn'dɒktrɪneɪt] *v* — indoktrinieren

transform a state into a totalitarian regime
ein Land in eine totalitäre Diktatur umwandeln
turn a state into a theocracy
ein Land in einen Gottesstaat umwandeln

---

reprisal [rɪ'praɪzəl], **retribution** [ˌretrɪ'bjuːʃn] *n* — Vergeltung
reprisal action, retributive action *n* — Vergeltungsaktion
justification of terrorist acts — Rechtfertigung terroristischer Taten
legitimate fight for self-determination — rechtmäßiger Kampf für Selbstbestimmung

---

permanent crisis *(economic and political) n* — Dauerkrise *(wirtschaftlich, politisch)*

poverty gap *n*	Armutsgefälle
radical divide between the rich and the poor	Armutsdifferenz
psychological strain [ˌsaɪkəˈlɒdʒɪkəl streɪn] *n*	Leidensdruck
apathy [ˈæpəθi] *n*	Apathie
self-hate *n*	Selbsthass
hopelessness *n*	Hoffnungslosigkeit
future prospect *n*	Zukunftsperspektive
lack of democratic structures, shortcomings of institutional democracy *n*	Demokratiedefizit

4 International crime

4.1 Organized crime

organized crime *n*	organisiertes Verbrechen
the **mafia** ['mæfiə] *n*	die Mafia

trafficking ['træfɪkɪŋ] *n*	(illegaler) Handel

Increased controls at the EU's external borders combat effectively the trafficking of people and drugs, organized crime, illegal immigration and terrorism.
Erhöhte Kontrollen an den Außengrenzen der EU bekämpfen erfolgreich den Menschen- und Drogenhandel, das organisierte Verbrechen, illegale Einwanderung und Terrorismus.

arms trafficking *n*	illegaler Waffenhandel, Waffenschieberei
arms trade *n*	Waffenhandel
arms deal *n*	Waffengeschäft
arms export *n*	Waffenexport
law on arms *n*	Waffengesetz
smuggle *n*	Schmuggel
smuggle *v*	schmuggeln
smuggling of arms *n*	Waffenschmuggel

human trafficking ['træfɪkɪŋ], **trafficking in human beings** *n*	Menschenhandel
child trafficking *n*	Kinderhandel
trafficking in women *n*	Frauenhandel
people trafficker *n*	Menschenhändler
facilitator of illegal entry [fə'sɪlɪteɪtə ɒv ɪ'liːgəl entri] *n*	Schleuser

slavery *n*	Sklaverei
abolition of slavery	Abschaffung der Sklaverei
bonded labour ['bɒndɪd 'leɪbə], **debt bondage** [det 'bɒndɪʤ] *n*	Schuldknechtschaft
forced labour *n*	Zwangsarbeit

Forced labour takes different forms, including debt bondage, trafficking and other forms of modern slavery.
Zwangsarbeit hat viele Gesichter, einschließlich Schuldknechtschaft, Menschenhandel und andere Formen moderner Sklaverei.

prostitution *n*	Prostitution
being forced into prostitution	zur Prostitution gezwungen werden
prostitution for the procurement of drugs [prəˈkjʊəmənt] *n*	Beschaffungsprostitution

---

drug trafficking *n*	Drogenhandel
drug trade *n*	Drogenhandel
drug dealer *n*	Drogenhändler(in)
drug trafficker *n*	Drogenhändler(in)
drug-related crimes, crime associated with obtaining drugs	Beschaffungskriminalität, im Zusammenhang mit Drogen stehende Kriminalität
syndicate [ˈsɪndɪkət] *n*	Syndikat
organized crime syndicate	organisiertes Verbrechersyndikat
cartel [kɑːˈtel] *n*	Kartell, Ring
drug baron [drʌg ˈbærən] *n*	Drogenboss

---

peasant [ˈpezənt], **small farmer, smallholder** *n*	Kleinbauer
harvest [ˈhɑːvɪst] *v*	ernten
supply *v*	liefern

---

clandestine [klænˈdestɪn] *adj*	heimlich
courier [ˈkʊriə] *n*	Kurier
distributor [dɪˈstrɪbjətə] *n*	Verteiler
middle man *n*	Zwischenhändler(in)
street-level dealer *n*	Straßenhändler(in), Kleinhändler(in)
to peddle drugs	mit Drogen handeln
street value *n*	Marktwert
consumer *n*	Verbraucher(in), Konsument(in)

---

narcotics agent [nɑːˈkɒtɪks ˈeɪdʒənt] *n*	Rauschgiftfahnder
undercover agent *n*	verdeckte(r) Ermittler(in)
combat *v*	bekämpfen
eradicate [ɪˈrædɪkeɪt] *v*	ausrotten
locate *v*	orten
track down *v*	aufspüren

---

seize [siːz], **confiscate** ['kɒnfɪskeɪt] *v*	beschlagnahmen
proceeds of drug trafficking *n*	Drogengelder
assets arising from drug trafficking	aus Drogenhandel stammender Vermögenswert

4.2 Piracy

piracy ['paɪrəsi] *n*	Piraterie
pirate attack *n*	Piratenangriff
organized piracy	organisierte Piraterie
territorial waters *n pl*	Hoheitsgewässer
outside territorial waters	außerhalb der Hoheitsgewässer
vessel ['vesəl] *n*	Fahrzeug, Schiff
cargo vessel ['kɑːgəʊ 'vesəl] *n*	Frachtschiff, Handelsschiff
seaborne piracy against transport vessels	seegestützte Piraterie gegen Transportschiffe

Maritime terrorism against cargo vessels poses a significant threat to world trade.
Terrorismus gegen Handelsschiffe stellt eine bedeutende Bedrohung für den Welthandel dar.

convoy ['kɒnvɔi] *n*	Konvoi
international commerce *n*	internationaler Handel
shipping route, trade route *n*	Schiffroute, Handelroute
speedboat *n*	Schnellboot
board *v*	an Bord gehen
hostage taking ['hɒstɪʤ 'teɪkɪŋ] *n*	Geiselnahme
ransom ['rænsəm] *n*	Lösegeld
extortion [ɪk'stɔːʃn] *n*	Erpressung
robbery *n*	Raubüberfall
murder *n*	Mord
patrol [pə'trəʊ] *n*	Patrouille
navigation and traffic control *n*	Navigations- und Verkehrskontrolle
vessel boarding protection system *n*	Schutzsystem gegen das unrechtmäßige Betreten des Schiffes

5 Global economy

5.1 Basic terminology

economy [ɪ'kɒnəmi] *n*	Wirtschaft
global economy	globale Wirtschaft
economics *n*	Ökonomie, wirtschaftlicher Aspekt
economic power [ˌiːkə'nɒmɪk 'paʊə] *n*	Wirtschaftskraft
international trade relations, global economic system *n*	Weltwirtschaftsbeziehungen
international economic order *n*	Weltwirtschaftsordnung
world trade, global trade, international trade *n*	Welthandel, weltweiter Handel, internationaler Handel
growth of international trade	Anwachsen des Welthandels
global domestic market, internal market *n*	Weltbinnenmarkt
labour market *n*	Arbeitsmarkt
commodity market [kə'mɒdəti 'mɑːkɪt] *n*	Warenmarkt
international commodity trading	internationaler Warenverkehr
exchange of commodities	Warenaustausch, Austausch von Waren
stock market *n*	Aktienmarkt, Börsenhandel, Wertpapierhandel
market economy *n*	Marktwirtschaft
of market economy	marktwirtschaftlich
free market economy *n*	freie Marktwirtschaft
aligned along free market lines	marktwirtschaftlich ausgerichtet
adoption of free-market economic systems	Übernahme freier, marktwirtschaftlicher Systeme
trade barrier [treɪd 'bæriər] *n*	Handelsschranke, Handelshemmnis
abolition of trade barriers	Wegfall von Handelsbeschränkungen
driving force *n*	Antriebskraft, Triebfeder

Some people would argue that the biggest driving force behind globalization is the free market.
Einige Leute würden sagen, dass die größte Antriebskraft der Globalisierung der freie Markt ist.
Following the abolition of trade barriers, the manufacturing sector migrated to Asia.
Nach dem Wegfall von Handelsbeschränkungen verlagerte sich der Produktionsbereich nach Asien.

extraction of raw materials *n (primary sector)*	Rohstoffgewinnung *(primärer Sektor)*
manufacturing [ˌmænjəˈfæktʃərɪŋ] *n (secondary sector)*	Herstellung, Fertigung, Produktion *(sekundärer Sektor)*
services *n (tertiary sector)*	Dienstleistungen *(tertiärer Sektor)*
three sector hypothesis [haɪˈpɒθəsɪs] *n*	Drei-Sektoren-Hypothese *(Volkswirtschaft)*

primary sector: extraction of raw materials	primärer Wirtschaftssektor: Rohstoffgewinnung
secondary sector: manufacturing	sekundärer Wirtschaftssektor: Rohstoffverarbeitung
tertiary sector: services	tertiärer Wirtschaftssektor: Dienstleistungen

service sector *n*	Dienstleistungsmarkt
service economy *n*	Dienstleistungsgesellschaft
service transactions *n pl*	Dienstleistungsverkehr
tertiarization [ˌtɜːʃrɪˈzeɪʃn] *n (increase of the service sector)*	Tertiarisierung *(Verstärkung des Dienstleistungssektors)*

workforce *n*	Erwerbsbevölkerung, Arbeiterschaft
mobility [məˈbɪləti] *n*	Mobilität
labour migration *n*	Arbeitsmigration
job migration *n*	Abwanderung von Arbeit
international division of labour	internationale Arbeitsteilung
brain drain [breɪn dreɪn] *n*	Abwanderung Hochqualifizierter ins Ausland

trade policy, commercial policy *n*	Handelspolitik
strategic trade policies	strategische Handelspolitik
regulation [ˌregjəˈleɪʃn] *n*	Regulierung

deregulation [diːˌregjuːˈleɪʃn] *n*	Deregulierung *(Vereinfachung von Regulierungen)*

Globalization and deregulation spur economic growth and lead to lower prices on many goods.
Globalisierung und Deregulierung beschleunigen das wirtschaftliche Wachstum und führen zu geringeren Preisen für viele Produkte.

trade accord [treɪd əˈkɔːd] *n*	Handelsabkommen

tariff [ˈtærɪf] *n*	Zoll, Abgabe
terms of trade, trading conditions *n pl*	Handelsbedingungen, Terms of Trade
(un)equal terms of trade	(un)gleiche Handelsbedingungen

capital *n*	Kapital
capital flow, flow of capital *n*	Kapitalfluss
open market *n*	offener Markt
regulated market *n*	regulierter Markt
balance of trade, trade balance *n*	Handelsbilanz
promote *v*	fördern

Opponents of greater financial market regulations support an open market with a free flow of capital.
Gegner von größeren Finanzmarktregulierungen unterstützen offene Märkte mit freiem Kapitalfluss.

chance *n*	Chance
challenge [ˈtʃælɪndʒ] *n*	Herausforderung
risk *n*	Risiko
interaction, mutual reaction, reciprocal action *n*	Wechselwirkung
to interact with each other	in Wechselwirkung zueinander stehen

low-wage country *n*	Niedriglohnland, Billiglohnland
newly industrializing country (NIC), emerging economy *n*	Schwellenland
developing country *n*	Entwicklungsland
less (economically) developed country (LDC) *n (with regard to economy and technical infrastructure)*	weniger entwickeltes Land *(im Hinblick auf die Wirtschaft und technische Infrastructur)*

more (economically) developed country (MDC) *n (with regard to economy and technical infrastructure)*	höher entwickeltes Land *(im Hinblick auf die Wirtschaft und technische Infrastruktur)*
developed country, industrialized country *n*	Industriestaat

---

know how *n*	Fachwissen
technical assistance *n*	technische Unterstützung
fair trade *n*	Fair Trade, fairer Handel
profit *n*	Gewinn, Profit

---

price *n*	Preis
producer price *n*	Erzeugerpreis
dictate prices	Preise diktieren
world market price, posted price *n*	Weltmarktpreis
economic tie [ˌiːkəˈnɒmɪk taɪ] *n*	Wirtschaftsverbindung

---

competition *n*	Wettbewerb
competitiveness *n*	Wettbewerbsfähigkeit
lobbying [ˈlɒbiɪŋ] *n*	Lobbyarbeit, Beeinflussung *(von Entscheidungsträgern)*, Lobbying
global player *n*	Global Player
multinational company *n*	multinationaler Konzern, multinationales Unternehmen, „Multi"

---

operation *n*	Geschäftstätigkeit, Unternehmen
operate *v*	tätig sein, agieren, betreiben
operational division *n*	Geschäftsbereich
research and development (R & D) *n*	Forschung und Entwicklung (F & E)
human resources management (HRM) *n*	Personalwesen
personnel [ˌpɜːsənˈel] *n*	Personal, Belegschaft
assembly [əˈsembli] *n*	Herstellung, Zusammenbau
production *n*	Fertigung, Produktion

---

home country *n*	Herstellungsland
host country [həʊst ˈkʌntri] *n*	Gastgeberland

The laws governing production and personnel are established by the host country.
Die Gesetze, die Produktion und Personal regulieren, werden vom Gastgeberland aufgestellt.

subsidy ['sʌbsɪdi] *n*	Subvention, Fördermittel
subsidize ['sʌbsɪdaɪz] *v*	subventionieren
incentive [ɪn'sentɪv] *n*	Anreiz
financial incentive	finanzieller Anreiz
provide an incentive to do sth	einen Anreiz schaffen, etw. zu tun

New tax models could provide a powerful incentive for foreign investors.
Neue Steuermodelle könnten einen großen Anreiz für ausländische Investoren darstellen.

5.2 International financial relations

foreign business *n*	Auslandsgeschäft
foreign commerce, foreign trade *n*	Außenhandel
foreign trade deficit [defɪsɪt] *n*	Außenhandelsdefizit
trade surplus [sɜːpləs] *n*	Handelsüberschuss
foreign capital *n*	Auslandskapital
foreign assets ['fɒrɪn 'æsets] *n pl*	Auslandsvermögen
foreign credit *n*	Auslandskredit

tax haven [tæks 'heɪvən] *n*	Steueroase, Steuerparadies
offshore account *n*	Konto in einer Steueroase

offshore financial center
Offshore-Finanzzentrum *(mit minimaler Finanzmarktaufsicht oder -regulierung)*

tax avoidance [tæks ə'vɔɪdəns] *n*	Steuervermeidung
tax evasion [tæks ɪ'veɪʒən] *n*	Steuerflucht
tax evader [tæks ɪ'veɪd ə] *n*	Steuerflüchtling
scheme [skiːm] *n*	Intrige, Plan
loophole [luːphəʊl] *n*	Schlupfloch

A loophole in the tax laws allows private-equity managers to treat their compensation as capital gains which are subject to a tax rate of only 15%.
Ein Schlupfloch in der Steuergesetzgebung erlaubt es Private-Equity Managern ihre Vergütung als Kapitalgewinn zu deklarieren, wodurch sie nur einem Steuersatz von 15% unterliegen.

international credit markets *n*	internationale Kreditmärkte

foreign bank loan *n*	Auslandsbankanleihe
foreign borrowing	im Ausland geliehenes Geld
foreign claim ['fɒrɪn kleɪm] *n*	Auslandsforderung
foreign debts ['fɒrɪn detz], **external debts** [ɪk'stɜːnəl detz], **foreign liabilities** ['fɒrɪn laɪə'bɪlətiz] *n pl*	Auslandsschulden

international capital mobility *n*	internationale Kapitalmobilität
international capital movement *n*	internationale Kapitalbewegung
International Chamber of Commerce (ICC) *n*	Internationale Handelskammer
International Monetary Fund (IMF) [ˌɪntə'næʃnəl 'mʌnɪtəri fʌnd] *n*	Internationaler Währungsfonds (IWF)

International capital mobility has led to the growth of international credit markets.
Internationale Kapitalmobilität hat zum Wachstum der internationalen Kreditmärkte geführt.

5.3 Trade and tariffs

tariff ['tærɪf] *n*	Zoll, Zolltariff, Abgabe
customs (duty) *n*	Zoll
import tax *n*	Einfuhrsteuer, Zollgebühr
introduce customs duties	Zölle erheben
pay duties on sth	etw. verzollen
General Agreement on Tariff and Trade (GATT) *n*	Allgemeines Zoll- und Handelsabkommen

trade *n*	Handel
terms of trade, trading conditions *n pl*	Handelsbedingungen, Terms of Trade
(un)equal terms of trade	(un)gleiche Handelsbedingungen
trade barrier [treɪd 'bæriər] *n*	Handelsschranke, Handelshemmnis
non-tariff trade barrier	nichttarifäres Handelshemmnis, zollfremdes Handelshemmnis
trading limit *n*	Handelsgrenze

impose *v*	auferlegen, errichten
remove *v*	entfernen, beseitigen
wall off a market	einen Markt abschotten
rigid ['rɪdʒɪd] *adj*	starr, fest
quota ['kwəʊtə] *n*	Quote, Kontingent
import quota	Einfuhrquote
export quota	Ausfuhrquote
protectionism [prə'tekʃənɪzm] *n*	Protektionismus *(Aufbau von Handelshemmnissen zum Schutz einheimischer Waren)*
protectionist [prə'tekʃənɪst] *adj*	protektionistisch
bureaucracy [bjʊə'rɒkrəsi] *n*	Bürokratie
red tape *n*	Bürokratismus, „Amtsschimmel"
restraint *n*	Beschränkung, Behinderung
voluntary export restraint	freiwillige Exportbeschränkung
restrain *v*	hemmen, hindern
deny *v*	verweigern
prohibit *v*	verbieten, untersagen

Some countries have been accused of restraining trade via excessive red tape and preferential treatment of local companies.
Einige Länder wurden der Wettbewerbsbehinderung beschuldigt wegen übermäßigem Bürokratismus und der Bevorzugung lokaler Unternehmen.

trade war *n*	Handelskrieg
embargo [ɪm'bɑːgəʊ] *n*	Embargo, Einfuhrstopp, Einfuhrbeschränkung
sanctions ['sæŋʃnz] *n*	Sanktionen
retaliate [rɪ'tælieɪt] *v*	zurückschlagen, kontern, Gegenmaßnahmen ergreifen
exchange control *n*	Devisenkontrolle, Devisenbewirtschaftung
transfer pricing *n*	Transferpreissystem
deregulation [diːˌregjuː'leɪʃn] *n*	Deregulierung *(Vereinfachung von Regulierungen)*
liberalization [ˌlɪbrlaɪzeɪʃn] *n*	Liberalisierung *(Abbau staatl. Vorschriften)*
trade liberalization *n*	Handelsliberalisierung
free trade *n*	Freihandel
duty-free ['djuːti'friː] *adj*	zollfrei

free-market economy *n*	freie Marktwirtschaft
growth of trade *n*	Handelswachstum

export processing zone (EPZ) *n*	Export Processing Zone (EPZ)
free trading zone *n*	Freihandelszone
special economic zone *n*	Sonderwirtschaftszone
customs zone *n*	Zollzone
bonded warehouse *n*	Lagerhaus für unverzollte Ware
free port *n*	Freihafen

Countries such as China have used special economic zones to accelerate trade development.
Manche Länder, wie z. B. China, haben Sonderwirtschaftszonen eingerichtet, um die Handelsentwicklung zu beschleunigen.

5.4 Global financial crisis

financial crisis ['kraɪsɪs] *n*	Finanzkrise
global financial crisis ['kraɪsɪs] *n*	globale Finanzkrise
international debt crisis [det 'kraɪsɪs] *n*	internationale Schuldenkrise
credit crunch ['kredɪt krʌntʃ] *n*	Kreditkrise
mortgage ['mɔːgɪdʒ] *n*	Hypothek
mortgage crisis ['mɔːgɪdʒ 'kraɪsɪs] *n*	Hypothekenkrise
housing crisis *n*	Häuserkrise
real estate crisis *n*	Immobilienkrise
liquidity crisis [lɪ'kwɪdəti 'kraɪsɪs] *n*	Liquiditätskrise
spending crisis *n*	Verbraucherkrise
savings crisis *n*	Sparkrise

stock market *n*	Aktienmarkt, Börsenhandel, Wertpapierhandel

go public		an die Börse gehen
speculate on play dabble in	the stock market	an der Börse spekulieren
traded listed	on the exchange	an der Börse gelistet
the stock market	plummeted crashed plunged nose-dived	die Börse ist abgestürzt („gecrashed")
	soared surged rallied rocketed	die Börse ist extrem gestiegen

share, stock *n*	Aktie
broker *n*	Börsenmarkler
investment banker *n*	Investmentbanker
the City	Londons Finanzdistrikt
City boy	Synonym für Londoner Investmentbanker
form of investment, investment vehicle *n*	Anlageform
hedge fund [hedʒ fʌnd] *n*	Hedge-Fonds
futures ['fjuːtʃəz] *n pl*	Termingeschäfte
return *n*	Rendite
risk-adjusted return	risikobereinigte Rendite
high-risk *adj*	risikoreich
high-risk transaction	risikoreiche Transaktion
high-yield [ˌhaɪjiːld] *adj*	hochrentierlich

investment activity, capital spending *n*	Investitionstätigkeit
need for investment *n*	Investitionsbedarf
shortage of capital, lack of capital *n*	Kapitalmangel
capital flight, flight of capital, exodus of capital *n*	Kapitalflucht

loan, credit *n*	Kredit
bad loan	notleidender Kredit

lend sb sth	jmd. etw. leihen
lending *n*	Darlehensvergabe, Kreditvergabe

> **Speculation and lax lending standards led to the mortgage crisis in the US.**
> Spekulationen und laxe Vorschriften für die Vergabe von Darlehen führten zur Hypothekenkrise in den USA.

credit agreement, loan agreement *n*	Kreditabkommen
credit terms, terms of a credit, loan conditions *n pl*	Kreditbedingungen
creditor *n*	Gläubiger
borrow *v*	leihen
borrowing *n*	Darlehensaufnahme, Schuldenaufnahme
over-borrowing *n*	Überschuldung
expenditure [ɪk'spendɪtʃə] *n*	Ausgaben
income *n*	Einnahmen
per capita income	Pro-Kopf-Einkommen
Gross Domestic Product (GDP) [grəʊs də'mestɪk 'prɒdʌkt] *n*	Schulden, Verschuldung
Gross National Product (GNP) [grəʊs næʃnəl 'prɒdʌkt] *n*	Schulden, Verschuldung
standard of living *n*	Lebensstandard
economic slowdown *n*	Konjunkturflaute

> **The economy is experiencing a slowdown.**
> Die Wirtschaft erlebt derzeit eine Phase der konjunkturellen Abkühlung.

debts [dets] *n pl*	Schulden, Verschuldung
foreign debts ['fɒrɪn detz], **external debts** [ɪk'stɜːnəl detz], **foreign liabilities** ['fɒrɪn laɪə'bɪlətiz] *n*	Auslandsschulden
global debts	globale Verschuldung
debt trap [det træp] *n*	Schuldenfalle
debt crisis [det'kraɪsɪs] *n*	Schuldenkrise
burden of debt [det] *n*	Schuldenlast
debt conversion [det kən'vɜːʃn] *n*	Umschuldung
debt relief, debt cancellation, remission of debts *n*	Schuldenerlass

haircut *n*	Schuldenschnitt

> **Over-borrowing by countries such as Greece has led to a haircut for creditors.**
> Die Überschuldung von Ländern wie z. B. Griechenland hat zu einem Schuldenschnitt für die Gläubiger geführt.

Ponzi Scheme ['pɒnzi skiːm] *n*	Schneeballsystem

> **Bernie Madoff constructed a Ponzi-Scheme where the money from new investors was used to pay existing investors.**
> Bernie Madoff konstruierte ein Schneeballsystem, das so funktionierte, dass das Geld der Neuinvestoren genutzt wurde, um die Forderungen bereits bestehender Investoren zu decken.

bail out *v*	finanziell unterstützen
bail out plan *n*	Rettungsplan, Rettungsschirm
bail out package *n*	Rettungspaket
consumer confidence *n*	Verbrauchervertrauen

> **The bail out package has done little to boost consumer confidence.**
> Das Rettungspaket hat kaum geholfen das Verbrauchervertrauen zu stärken.

safeguard *v*	sichern, schützen
recession [rɪ'seʃn] *n*	Rezession
European Financial Stability Facility (EFSF) *n*	Europäische Finanzstabilisierungsfazilität (EFSF)
European Stability Mechanism (ESM) *n*	Europäischer Stabilitätsmechanismus *(Euro-Rettungsschirm)*

> **The EFSF's mandate is to safeguard financial stability in Europe by providing financial assistance to euro area member states.**
> Die Aufgabe des EFSF ist es, die finanzielle Stabilität in Europa sicherzustellen, indem sie Mitgliedern der Euro-Staaten finanzielle Unterstützung zukommen lässt.

International Monetary Fund (IMF) [ˌɪntə'næʃnəl 'mʌnɪtəri fʌnd] *n*	Internationaler Währungsfonds (IWF)
European Central Bank (ECB) *n*	Europäische Zentralbank (EZB)
creditworthiness, financial standing *n*	Bonität
downgrade *v*	herabstufen
upgrade *v*	heraufstufen

Credit rating agency (CRA) *n* *(assessment of creditworthiness of banks, companies and states)*	Ratingagenturen *(Bonitätseinschätzung von Banken, Unternehmen, Staaten)*
AAA-Rating, triple-A rating *n* *(highest creditworthiness leads to low interest rates)*	AAA-Rating *(höchste Bonität und damit niedrige Zinsen)*

The credit rating agency downgraded the outlook on Germany, the Netherlands and Luxembourg's prized triple-A credit ratings.
Die Ratingagenturen haben die Prognosen für die geschätzten Triple A Bewertungen der Länder Deutschland, Niederlande und Liechtenstein abgewertet.

5.5 Corporate economics

global player *n*	Global Player
multinational company *n*	multinationaler Konzern, multinationales Unternehmen, „Multi"
transnational corporation (TNC) *n* *(without national home, acting from a global perspective)*	multinationales Unternehmen *(ohne nationale Bindung, von globalem Standort agierend)*
multinational corporation (MNC), multinational enterprise (MNE) *n (with one centralized headquarters)*	multinationales Unternehmen *(mit Bindung an einen zentralen Hauptstandort)*

Today's multinational enterprises trade commodities on a global scale.
Die multinationalen Unternehmen betreiben heutzutage ein weitreichendes Netzwerk von Produktionsanlagen.

foreign branch *n*	Auslandsfiliale, Auslandstochter
subsidiary [səb'sɪdiəri] *n*	Niederlassung, Tochterunternehmen
parent company *n*	Mutterkonzern
production facility [fə'sɪlɪti] *n*	Produktionsanlage, Produktionsstätte

Transnational corporations operate an extensive global network of production facilities.
Multinationale Unternehmen betreiben ein weitreichendes Netzwerk von Produktionsanlagen.

rationalization [ˌræʃnlaɪ'zeɪʃn] *n*	Rationalisierung *(Beseitigung innerbetrieblicher Unwirtschaftlichkeit)*
diversification [daɪ'vɜːsɪfɪ'keɪʃn] *n*	Diversifizierung, Diversifikation, Streuung, Sortimentserweiterung
specialization *n*	Spezialisierung
optimization *n*	Optimierung
simplification *n*	Vereinfachung
reorganization *n*	Umstrukturierung, Neuordnung, Sanierung
divison of labour *n*	Arbeitsteilung
new international division of labour (NIDL)	neue internationale Verteilung der Arbeit
subcontracting *n*	Vergabe von Verträgen an Subunternehmen oder Zulieferer
outsourcing *n*	Fremdvergabe, Ausgliederung, Fremdbeschäftigung, Outsourcing

"Outsourcing and globalization of manufacturing allows companies to reduce costs, benefits consumers with lower cost goods and services, causes economic expansion that reduces unemployment, and increases productivity and job creation." (Larry Elder)
„Outsourcing und globale Produktion erlauben es den Unternehmen Kosten zu senken, führen für den Konsumenten zu geringeren Kosten für Waren und Dienstleistungen, verursachen Wirtschaftswachstum, das zu einem Rückgang der Arbeitslosigkeit führt und erhöhen Produktivität und Arbeitsplätze."

lean management [liːn] *n*	schlankes Management
lean production [liːn] *n*	schlanke Produktion

operation *n*	Geschäftstätigkeit, Unternehmen
operate *v*	tätig sein, agieren, betreiben
core area [kɔː 'eəriə] *n*	Kerngebiet
periphery [pə'rɪfəri], **peripheral region** [pə'rɪfərəl] *n*	Randgebiet, Peripherie

In order to remain competitive, the company needs to focus on its core business.
Um weiterhin wettbewerbsfähig zu bleiben, muss sich die Firma auf ihr Kerngeschäft konzentrieren.

operational division *n*	Geschäftsbereich

research and development (R & D) *n*	Forschung und Entwicklung
human resources management (HRM) *n*	Personalwesen
planning *n*	Planung
coordination *n*	Koordination, Abstimmung
decision-making *n*	Beschlussfassung, Entscheidungsfindung
improve *v*	verbessern
combine *v*	vereinen
facilitate *v*	erleichtern, ermöglichen
location factor *n*	Standortfaktor
hard location factors	harte Standortfaktoren
soft location factors	weiche Standortfaktoren
competition between locations, competition of location *n*	Standortkonkurrenz
location advantage *n*	Standortvorteil
favourable *adj*	günstig, vorteilhaft
unfavourable, unfavorable *adj*	ungünstig, unvorteilhaft
labour force *n*	Arbeiterschaft
skilled labour force	Facharbeiter, gelernte Arbeitskraft
cheap labour force	billige Arbeitskraft
staff, personell [ˌpɜːsən'el], **workforce** *n*	Belegschaft
investor *n*	Investor(in)
incentive [ɪn'sentɪv] *n*	Anreiz
provide financial incentives to attract new investors	finanzielle Anreize schaffen, um neue Investoren zu gewinnen

Factors influencing the location of production facilities include the skill level and cost of labour as well as the available infrastructure.
Zu den Standortbestimmungsfaktoren gehören sowohl Qualifikation und Personalkosten als auch die vorhandene Infrastruktur.

5.6 Logistics and transportation

logistics *n*	Logistik
logistics service provider *n*	Logistikdienstleister

traffic *n*	Verkehr, Handel
transport *n*	Transport, Beförderung
transport technology *n*	Transporttechnologie
goods traffic *n*	Güterverkehr
air transport *n*	Lufttransport
sea transport *n*	Seetransport

Today's logistics service providers transport goods globally via air and sea transport.
Heutzutage transportieren Logistikdienstleister ihre Waren weltweit auf dem Luft- oder Seeweg.

transport capacity *n*	Transportkapazität
transport network *n*	Transportnetzwerk
worldwide export of goods and services	weltweiter Export von Gütern und Diensten

freight [freɪt], **cargo** ['kɑːgəʊ] *n*	Fracht, Frachtgut
freight capacity	Frachtkapazität
sea freight *n*	Seefracht
air freight *n*	Luftfracht

Due to cost pressure sea freight has gained popularity compared to air freight.
Aus Kostengründen hat sich die Seefracht gegenüber der Luftfracht durchgesetzt.

cargo vessel ['kɑːgəʊ 'vesəl] *n*	Frachtschiff, Handelsschiff
container ship, container vessel *n*	Containerschiff, Containerfahrzeug
global container traffic *n*	globaler Containerverkehr
containerization	Containerisierung

sea route *n*	Seeroute *(der Schiffe)*
port of call *n*	Ankunftshafen *(der Schiffe)*
transit time *n*	Umschlagszeit
hub [hʌb] *n*	Zentrum, Hub *(Umschlagplatz an Hauptverkehrswegen zur Warenübergabe an regionale Verteiler)*
feeder traffic *n*	Zubringer- und Verteilverkehr, Feederverkehr
transport costs, transportation costs *n pl*	Transportkosten
low-cost carrier *n*	Billiganbieter *(für Personen- und Gütertransport)*

6.1 Natural resources

resource *n*	Ressource, Rohstoff, Bodenschatz
lack of resources	Ressourcenknappheit
resource distribution	Ressourcenverteilung
resource allocation	Ressourcenallokation
primary resource ['praɪməri rɪ'zɔːs] *n*	Primärrohstoff
fossil resource ['fɒsəl rɪ'zɔːs] *n*	fossiler Rohstoff
deposit *n*	Vorkommen, Lagerstätte
supply [sə'plaɪ] *n*	Versorgung, Vorrat, Angebot
demand *n*	Nachfrage
supply and demand	Angebot und Nachfrage
consumption [kən'sʌmʃn] *n*	Verbrauch, Konsum

scarcity ['skeəsəti] *n*	Verknappung
scarcity of fossil energy sources	Verknappung von fossilen Energieträgern
shortage ['ʃɔːtɪdʒ] *n*	Knappheit, Mangel
shortage price *n*	Knappheitspreis
depletion [dɪ'pliːʃn] *n*	Abbau, Raubbau, Erschöpfen, Schwund
environmental depletion	Erschöpfung natürlicher Ressourcen
pollution and depletion of waters	Verschmutzung und Übernutzung von Gewässern
degradation [degrə'deɪʃn] *n*	Degradierung *(zunehmende Verschlechterung)*
environmental degradation	(zunehmende) Schädigung der Umwelt
soil degradation	Verschlechterung der Bodenqualität (Degradation)

The price policy is justified by the worldwide scarcity of resources.
Die Preispolitik wird mit der weltweiten Knappheit von Ressourcen gerechtfertigt.

precious metal ['preʃəs] *n*	Edelmetall
gold *n*	Gold
silver *n*	Silber

platinum ['plætɪnəm] *n* Platin

heavy metal *n* Schwermetall
steel stabilizer *n* Stahlveredler

cement [sɪ'ment] *n* Zement
marble ['mɑːbl] *n* Marmor
precious stone ['preʃəs], **gemstone** [ʤem stəʊn] *n* Edelstein
diamond *n* Diamant
cellulose ['seljələʊs] *n* Zellulose
rare earth *n* seltene Erde

Rare earth elements are critical components in modern electronic technologies, ranging from TVs, fluorescent light bulbs, to cell phones and computers.
Metalle der seltenen Erden sind wichtige Bestandteile für moderne elektronische Geräte, vom Fernseher über Leuchtstoffröhren bis zu Handys und Computern.

Chemical and mineral resources	
alumin(i)um	Aluminium
cadmium	Kadmium
chromium	Chrom
cobalt	Kobalt
copper	Kupfer
graphite	Graphit
iron (ore)	Eisen(-erz)
lead	Blei
manganese	Mangan
mercury	Quecksilber
nickel	Nickel
ore	metallisches Erz
phosphate	Phosphat
platinum	Platin
sulfur	Schwefel
tin	Zinn
titanium	Titan
uranium	Uran
zinc	Zink

6.2 Fossil fuels

energy source, source of energy *n*	Energieträger
raw material *n*	Rohstoff, Grundstoff
fuel ['fjuːəl] *n*	Brennstoff, Treibstoff
fossil fuel	fossiler Brennstoff
crude oil [kruːd], **petroleum** [pə'trəʊliəm] *n*	Erdöl, Rohöl, Mineralöl
fuel oil *n*	Heizöl
oil consumption [ɔɪl kən'sʌmʃn] *n*	Erdölverbrauch
oil reserves, reserves of oil *n*	Ölreserven
strategic petroleum reserves (SPR)	strategische Ölreserven
oil deposit, oil resources, petroleum deposit [pə'trəʊliəm] *n*	Erdölvorkommen, Ölvorkommen

Experts believe that reserves of crude oil will dry up in the foreseeable future.
Nach Einschätzung von Experten gehen die weltweiten Erdölreserven in absehbarer Zeit zur Neige.

oil producing country *n*	Förderland
oil exporting country *n*	Erdöl exportierendes Land
petroleum industry [pə'trəʊliəm] *n*	Erdölindustrie
Organization of Petroleum Exporting Countries (OPEC)	Organisation Erdöl exportierender Länder (OPEC)
output *n*	Fördermenge
peak oil, Hubbert peak *n*	Fördermaximum
energy crisis [kraɪsɪs] *n*	Energiekrise
oil crisis ['kraɪsɪs] *n*	Ölkrise

run out dwindle decline	zur Neige gehen

energy security *n*	Energiesicherheit
black gold *n*	schwarzes Gold
oilfield *n*	Erdölfeld
offshore oilfield *n*	Offshore-Fördergebiet *(vor der Küste gelegen)*
oil platform *n*	Ölplattform

oil rig [ɔɪl rɪg], **drilling rig** *n*	Bohrplattform, Bohrinsel
drilling device *n*	Bohrgerät

oil spill, oil pollution *n*	Ölpest
tanker ['tæŋkə] *n*	Tanker

The 2010 BP oil disaster in the Gulf of Mexico was the largest marine oil spill in the history of the petroleum industry.
Die BP-Ölkatastrophe im Golf von Mexiko von 2010 war die größte Ölpest auf See in der Geschichte der Ölindustrie.

gas *n*	Gas
natural gas *n*	Erdgas
gas fields *n*	Erdgasfelder
liquid gas ['lɪkwɪd gæs] *n*	Flüssiggas
fracking [frakɪŋ], **hydraulic fracturing** [haɪ'drɔːlɪk fræktʃərɪŋ] *n*	Tiefbohrtechnik *(zur Förderung von Gas und Erdöl)*

Berlin is opposed to plans to use the controversial fracking process to extract natural gas in Germany because environmentalists substantiate that fracking may be causing ground water pollution.
Berlin ist gegen Pläne, die kontroverse Fracking-Tiefbohrtechnik zur Erdgasgewinnung auch in Deutschland zu erlauben, da Umweltschützer bekräftigen, dass Fracking das Grundwasser verschmutzen könne.

coal *n*	Kohle
bituminous coal [bɪ'tʃuːmɪnəs kəʊl], **hard coal, black coal** *n*	Steinkohle
lignite ['lɪgnaɪt], **brown coal** *n*	Braunkohle

vein [veɪn] *n*	Ader, Gang
seam [siːm] *n*	Flöz
coal measure, Coal Equivalent (CE) *n*	Steinkohleeinheit
production area, area of extraction *n*	Fördergebiet

6.3 Renewable energy

alternative energy *n*	alternative Energie
change in the energy policy, energy transition *n*	Energiewende

wind energy *n*	Windenergie

wind turbine [wɪnd 'tɜːbaɪn] *n*	Windrad
solar energy *n*	Sonnenenergie
solar panel ['səʊlə 'pænəl] *n*	Sonnenkollektor
solar cell *n*	Solarzelle
solar car, solar-powered car	Solarauto
hydroelectric power [ˌhaɪdrəʊɪ'lektrɪk 'paʊə], **hydro energy** *n*	Wasserkraft
hydroelectric power station	Wasserkraftwerk
bio-energy, bioenergy *n*	Bioenergie
biofuel *n*	Biobrennstoff
biogas *n*	Biogas
ethanol ['eθənɒl] *n*	Ethanol, Äthanol
ethanol powered cars	Ethanolauto
geothermal energy [ˌʤiːə'θɜːməl enəʤi] *n*	Erdwärme

Solar, wind and geothermal energy sources are safer and cause less harm to the environment.
Solar-, Wind- und Erdwärme als Energiequellen sind sicherer und fügen der Umwelt weniger Schaden zu.

6.4 Agriculture and fisheries

farming, agriculture ['ægri'kʌltʃə] *n*	Landwirtschaft
permanent agriculture *n*	Dauerfeldanbau
shifting cultivation *n*	Wanderfeldbau
three crop rotation *n*	Dreifelderwirtschaft
monocultural farming *n*	Anbau in Monokultur
slash and burn *n*	Brandrodung
slash and burn farming	Brandrodungsfeldbau

Slash and burn is an agricultural practice which involves cutting and burning of trees to create fields and to fertilize the soil.
Die Brandrodung ist eine landwirtschaftliche Methode, bei der Bäume gefällt und verbrannt werden, um neue Felder und fruchtbare Böden zu gewinnen.

crop [krɒp] *n*	Feldfrucht, Ernte
food crop *n*	Nahrungspflanze
cash crop *n*	Cash Crop, Marktfrucht
fodder crop *n*	Futterpflanze

energy crop *n*	Energiefrucht

Engery crops are combusted for the energy content to generate electricity or heat.
Mit dem unter Verbrennung freigesetzen Energiegehalt von Energiepflanzen wird Strom oder Wärme erzeugt.

food speculation [ˌspekjəˈleɪʃn] *n*	Nahrungsmittelspekulation
curb food commodity speculation	Spekulation mit Lebensmitteln zügeln
crop failure [krɒp ˈfeɪljə] *n*	Missernte
natural catastrophe [ˈnætʃərəl kəˈtæstrəfi] *n*	Naturkatastrophe
climate change *n*	Klimawandel

yield [jiːld] *n*	Ertrag, Ernteertrag, Gewinn
yield [jiːld] *v*	Ertrag abwerfen, Gewinn abwerfen
high-yield variety [ˌhaɪjiːld vəˈraɪəti] *n*	Hochleistungssorte
intensification *n*	Intensivierung
mechanization *n*	Mechanisierung
irrigation [ˌɪrɪˈgeɪʃn] *n*	Bewässerung
fertilizer [ˈfɜːtɪlaɪzə] *n*	Dünger, Düngemittel
pesticide [ˈpestɪsaɪd] *n*	Pestizid, Schädlingsbekämpfungsmittel
herbicide [ˈhɜːbɪsaɪd] *n*	Herbizid, Unkrautvertilgungsmittel

green revolution *n*	grüne Revolution
environmental conservation *n*	Umweltschutz

The Green Belt Movement, founded in 1977 by Wangari Maathai, has planted over 51 million trees in Kenya and works to promote environmental conservation.
Die Grüngürtelbewegung, die im Jahre 1977 von Wangari Maathai gegründet wurde, hat mehr als 51 Millionen Bäume in Kenia gepflanzt und unterstützt aktiven Umweltschutz.

food supply *n*	Lebensmittelversorgung, Nahrungsmittelversorgung
food shortage *n*	Nahrungsmittelknappheit
food surplus *n*	Nahrungsmittelüberschuss
food security *n*	Ernährungssicherheit
staple food, basic foodstuffs *n*	Grundnahrungsmittel

small farmer, smallholder, peasant ['pezənt] *n*	Kleinbauer
landowner *n*	Landbesitzer
tenant ['tenənt] *n*	Pächter
land use *n*	Bodennutzung, Flächennutzung
subsistence farming [səb'sɪstəns] *n*	Subsistenzwirtschaft
self-sufficiency [self sə'fɪʃənsi] *n*	Selbstversorgung
land reform *n*	Landreform
overexploitation ['əʊvəˌeksplɔɪ'teɪʃn], **depletion** [dɪ'pliːʃn] *n*	Raubbau
exploit ruthlessly	Raubbau betreiben
overcutting *n*	Raubbau am Baumbestand
overcropping *n*	Raubbau durch falsche Bewirtschaftung, Ausbeutung der Böden
clearance ['klɪərəns], **forest clearance** ['klɪərəns]*n*	Rodung *(Tätigkeit)*
clearing *n*	Rodung *(gerodete Fläche)*
soil fertility [fə'tɪləti] *n*	Bodenfruchtbarkeit
soil exhaustion [ɪg'zɔːstʃn] *n*	Bodenerschöpfung
soil erosion [ɪ'rəʊʒən] *n*	Bodenerosion
monoculture ['mɒnəʊ 'kʌltʃə] *n*	Monokultur
plantation farming *n*	Plantagenwirtschaft
livestock breeding [laɪvstɒk], **animal husbandry** ['hʌzbəndri] *n*	Viehzucht
fishing *n*	Fischerei
sustainable fishing	nachhaltige Fischerei
overfishing *n*	Überfischung
fish stocks *n pl*	Fischbestand

Overfishing of whales or sharks can lead to the extinction of certain species.
Das Überfischen von Walen und Haien kann zum Aussterben von bestimmten Arten führen.

trawler, dragger ['trɔːlə] *n*	Trawler, Schleppnetzfischer
trawl (net) [trɔːl] *n*	Schleppnetz

fishing equipment under prohibition	verbotene Fischfangausrüstung
poaching ['pəʊtʃɪŋ] *n*	Wilderei
shark poaching	Haijagd (Wilderei)
seal hunting *n*	Seehundjagd, Robbenjagd
whaling *n*	Walfang
profiteer [ˌprɒfɪ'tɪə] *n*	Profiteur(in), Geschäftemacher(in)

6.5 Global warming

global warming *n*	Globale Erwärmung
climate change *n*	Klimawandel
sea level rise *n*	Anstieg des Meeresspiegels

green house effect *n*	Treibhauseffekt
carbon dioxide [ˌkɑːbndaɪ'ɒksaɪd] *n*	Kohlendioxid
ozone layer ['əʊzəʊn 'leɪə] *n*	Ozonschicht
radiation [ˌreɪdi'eɪʃn] *n*	Strahlung
radiate ['reɪdieɪt] *v*	strahlen

The hole in the ozone layer and global warming are two separate but tightly related problems.
Das Ozonloch und die globale Erwärmung sind zwei verschiedene, aber eng miteinander verbundene Probleme.

north pole *n*	Nordpol
south pole *n*	Südpol
polar cap, ice cap *n*	Polkappe, Eiskappe *(an den Polen)*
melting *n*	Schmelzen
glacier ['glæsiə, 'gleɪʃɚ] *n*	Gletscher

The melting of the polar ice caps is causing polar bears to swim longer distances to find stable ice or to reach land.
Das Schmelzen der Polarkappen führt dazu, dass Eisbären längere Distanzen schwimmen müssen, um tragfähiges Eis zu finden oder an Land gehen zu können.

desertification [dɪˌzɜːtɪfɪ'keɪʃn] *n*	Desertifikation, Vordringen der Wüsten, Versteppung
freshwater *n*	Süßwasser
salt water *n*	Salzwasser

ground water, underground water *n*	Grundwasser
drinking water, potable water *n*	Trinkwasser

have access to (clean) drinking water
Zugang zu (sauberem) Trinkwasser haben

water consumption *n*	Wasserverbrauch
water supply *n*	Wasserversorgung
shortage of freshwater *n*	Süßwassermangel

decreasing declining falling	groundwater levels	sinkende Grundwasserstände

hydrological cycle [haɪˈdrəʊlɒdʒikl,saɪkl] *n*	Wasserkreislauf
water stress *n*	Wasserstress *(Wasserprobleme)*
water conflict *n*	Wasserkonflikt
water shortage *n*	Wassermangel
groundwater contamination, groundwater pollution *n*	Grundwasserverunreinigung

By 2030 billions of people will live in water stressed areas.
Bis zum Jahr 2030 werden Milliarden von Menschen in Gegenden ohne ausreichenden Zugang zu sauberem Trinkwasser leben.

environmental hazard [ˈhæzəd] *n*	Umweltgefahr
dumper *n*	Kipper *(Schiff, das verklappt)*
dumping, disposal of toxic waste *n*	Verklappung von Giftabfall
dump site *n*	Verklappungsstelle
deliberate [dɪˈlɪbərət] *adj*	absichtlich

6.6 Sustainability

sustainable [səˈsteɪnəbl,] *adj*	nachhaltig
sustainable development [səˈsteɪnəbl, dɪˈveləpmənt] *n*	nachhaltige Entwicklung

social economic ecological	development	soziale ökonomische ökologische	Entwicklung

sustainability [səˌsteɪnəˈbɪləti] *n*	Nachhaltigkeit

The concept of sustainability refers to environmental, economic and social dimensions and encompasses a long-term responsibility for the management of resources.
Das Konzept von Nachhaltigkeit bezieht sich auf umweltpolitische, ökonomische und soziale Dimensionen und umfasst die langfristige Verantwortung für das Ressourcenmangement.

agenda [əˈdʒendə] *n*	Programm *(z.B. zur Entwicklung von etw.)*, Agenda
measure [ˈmeʒə] *n*	Maßnahme

set up measures	Maßnahmen entwickeln
take up measures against something	Maßnahmen gegen etwas ergreifen
develop plans and projects	Pläne und Projekte entwickeln

pillar [ˈpɪlə] *n*	Pfeiler, Säule
principle [ˈprɪnsəpl̩] *n*	Grundlage, Prinzip
implementation [ˌɪmplɪmenˈteɪʃn] *n*	Einführung, Ausführung

global *adj*	global, weltweit
local *adj*	hiesig, lokal
think globally – act locally	global denken – local handeln
global agenda *n*	globale Agenda, globales Programm
local agenda *n*	lokale Agenda, lokales Programm
global governance [ˈgləʊbəl ˈgʌvənənts] *n*	Global Governance, Globalpolitik, Weltinnenpolitik, Weltordnungspolitik, globale Strukturpolitik

precautionary principle [prɪˈkɔːʃnəri] *n*	Vorsorgeprinzip
polluter-pays principle, extended polluter responsibility (EPR), polluter liability *n*	Verursacherprinzip
bear responsibility for sth	für etw. Verantwortung tragen
cooperation principle *n*	Kooperationsprinzip
all social (interest) groups feel obliged to do sth	alle gesellschaftlichen Kräfte fühlen sich zu etw. verpflichtet

actor [ˈæktə] *n*	(politischer) Akteur, Handelnde(r)

regime [reɪ'ʒiːm] *n*	Regime
country, state, nation *n*	Staat
society *n*	Gesellschaft
civil society *n*	Zivilgesellschaft
grassroots movement *n*	Bewegung *(Initiative)*, Volksbewegung, Basisbewegung
policy network *n*	Politiknetzwerk
holding institution, institution (in charge) *n*	Trägerinstititution
agent of change *n*	Erneuerer

carbon footprint [ˌkɑːbən'fʊtprɪnt] *n*	CO2-Bilanz *(wörtlich: Kohlenstoff-Fußabdruck)*
ecological footprint [ˌiːkəlɒʤɪkl'fʊtprɪnt] *n*	Ökologischer Fußabdruck
enviromental performance, eco-audit [ɪnˌvaɪrən'mentəl pə'fɔːməns] *n*	Öko-Bilanz
ecological rucksack [ˌiːkə'lɒʤɪkəl 'rʌksæk] *n*	ökologischer Rucksack

The ecological footprint measures how fast we consume resources and generate waste compared to how fast nature can absorb our waste and generate new resources.
Der ökologische Fußabdruck bemisst, wie schnell wir Ressourcen aufbrauchen und Müll produzieren im Verhältnis zur Fähigkeit der Natur, neue Ressourcen zu produzieren und Abfall zu verarbeiten.

environmental policy *n*	Umweltpolitik
environmental tax, ecological tax, eco tax, green tax, environmentally friendly tax *n*	Ökosteuer
pollution tax *n*	Verschmutzungssteuer
emission tax, emissions tax *n*	Emissionssteuer

trade in emissions rights, emissions trading
Handel mit Emissionsrechten

production tax *(e.g. crude oil production tax) n*	Verfahrenssteuer *(Steuer auf Produktionsverfahren)*
tax on products *n*	Produktsteuer

environmental conflict *n*	Umweltkonflikt

decreased (ecological) potential	geschwundenes (ökologisches) Potential
lack of resources *n*	Ressourcenknappheit
water crisis ['wɔːtə 'kraɪsɪs] *n*	Wasserkrise
livelihood *n*	Lebensgrundlage
migration [maɪ'greɪʃn] *n*	Wanderung, Abwanderung, Migration
disaster area *n*	Katastrophengebiet
humanitarian catastrophe [hjuːˌmænɪ'teəriən kə'tæstrəfi] *n*	humanitäre Katastrophe
escape *n*	Flucht
flee from sth escape sth	vor etw. fliehen
famine shelter, refugee camp [ˌrefjʊ'dʒiː] *n*	Flüchtlingslager
neighbouring countries *n*	Anrainerstaaten
exploration [ˌeksplə'reɪʃn] *n*	Suche, Erforschung
exploitation [ˌeksplɔɪ'teɪʃn] *n*	Abbau, Ausbeutung, Verwertung
extraction *n*	Förderung
extract *v*	fördern, gewinnen
mine *v*	abbauen, fördern
recoverable *adj*	förderbar, abbaubar
exhaustion [ɪg'zɔːstʃn] *n*	Erschöpfung
depletion [dɪ'pliːʃn] *n*	Abbau, Raubbau, Erschöpfung
reserve *n*	Reserve
shortage ['ʃɔːtɪdʒ] *n*	Mangel, Knappheit

7 Communication and technology

7.1 Communication

communication *n*	Kommunikation
synchronous and asynchronous communication	synchrone und asynchrone Kommunikation
telecommunications [ˌtelɪkəˌmjuːnɪˈkeɪʃnz] *n pl*	Telekommunikation, Fernmeldewesen
communication technology *n*	Kommunikationstechnologie
information *n sing*	Information
information technology *n*	Informationstechnologie
information and communication technology (ICT) *n*	Informations- und Kommunikationstechnologie (IKT), Kommunikations-IT

Information technology has revolutionized the world in the fields of communication and entertainment.
Die Informationstechnologie hat unsere Welt in den Bereichen der Kommunikation und der Unterhaltung revolutioniert.

microprocessor *n*	Mikroprozessor
fibre-optic cable [ˈfaɪbəɒptɪk ˈkeɪblˌ] *n*	Fiberglaskabel
broadband technology *n*	Breitbandtechnologie
exchange of information *n*	Informationsaustausch
cell phone *(AE)*, **mobile (phone)** *(BE) n*	Handy, Mobiltelefon
landline *n*	Festnetz
call sb on the landline	jmd. auf dem Festnetz anrufen, jmd. vom Festnetz anrufen
hand-held *adj*	tragbar
instant messaging *n*	„Sofort-Kommunikation" mit Textnachrichten
text (message) [tekst] *n*	SMS
text [tekst] *v*	SMS schreiben, simsen

I'll text you.
Ich werde dir simsen.
He sent me a text yesterday.
Er hat mir gestern eine SMS geschickt.

Wi-Fi ['waɪfaɪ] *n*	WLAN
wireless *adj*	kabellos
ubiquitous [juːˈbɪkwɪtəs] *adj*	allgegenwärtig

Cell phones and Wi-Fi have become ubiquitous in urban areas.
Mobiltelefone und Wi-Fi sind in städtischen Gegenden allgegenwärtig.

email *n*	E-Mail
snail mail *n*	traditioneller Brief *(Schneckenpost)*
attachment *n*	Anhang
attach *v*	anhängen
forward *v*	weiterleiten

I will forward the email with an attachment.
Ich leite die E-Mail mit einem Anhang weiter.

7.2 Internet and social media

the **Internet** *n*	das Internet
the **Internet community, web community** *n*	die Netzgemeinde
virtual community [ˈvɜːtʃuəl kəˈmjuːnəti] *n*	virtuelle Gemeinschaft
the **World Wide Web (www)** *n*	das World Wide Web
digital divide [ˈdɪdʒɪtəl dɪˈvaɪd] *n*	digitale Kluft, digitaler Graben *(zwischen Menschen mit und ohne Internetzugang)*
overcoming the digital divide	den digitalen Graben überwinden
knowledge society, knowledge-based society *n*	Wissensgesellschaft
information society *n*	Informationsgesellschaft
connectivity [ˌkɒnekˈtɪvəti] *n*	Konnektivität
connect to the Internet, go online	ins Internet gehen
surf the Internet, surf the Net, surf the web	im Internet surfen, sich im Internet bewegen
Internet access *n*	Internetzugang
browser *n*	Browser, Navigator

browse *v*	durchstöbern
search-engine *n*	Suchmaschine
tool *n*	Werkzeug, Instrument
hit *n*	Treffer, Zugriff
track *v*	verfolgen

Internet commerce ['ɪntənet 'kɒmɜːs] *n*	Internethandel
banner ad [ˌbænə'æd] *n*	Werbebanner (im Internet)
appeal [ə'piːl] *v*	ansprechen, anziehen, einen Anreiz bieten
direct *v*	lenken, richten
information overload *n*	Informationsüberschuss

What really popularized the Internet and the Web as tools of both connectivity and commerce was the creation of easy-to-install and easy-to-use commercial browsers. (Thomas Friedman, 62)
Was das Internet und das Netz als Instrumente für Konnektivität und Handelsgewerbe wirklich populär machte, war die Schaffung einfach zu installierender und einfach zu bedienender Browser.

social media *n*	Social Media
social networking site *n*	Social-Networking-Site
community *n*	Gemeinschaft
internet profile ['prəʊfaɪl] *n*	Internetprofil
post a profile	ein Profil ins Internet stellen

The Internet never forgets anything.
Das Netz vergisst nichts.

collaborative [kə'læbərətɪv] *adj*	gemeinschaftlich, zusammen, kollaborativ
collaboration [kəˌlæbə'reɪʃn] *n sing*	Zusammenarbeit, Kollaboration
interactivity *n sing*	Interaktivität
participate [pɑː'tɪsɪpeɪt] *v*	teilhaben, partizipieren
information sharing *n*	Informationsaustausch
"swarm intelligence" *n*	Schwarmintelligenz
content *n*	Inhalt

Millions of people today are blogging, podcasting, and creating video content for [...] Facebook. (Thomas Friedman, 523)
Millionen von Leuten benutzen heutzutage Blogs und Podcasts und machen Videos für Facebook.

cyber crime *n*	Internetkriminalität

cyber grooming — Kontaktanbahnung zu Minderjährigen im Internet

cyber stalking — Nachstellung im Internet

digital piracy *n* — digitale Piraterie

copyright infringement ['kɒpiraɪt ɪn'frɪndʒmənt] *n* — Urheberrechtsverletzung

cyber bullying ['saɪbə 'bʊliɪŋ] *n* — Mobbing im Internet

cyber war *n* — Cyberkrieg

English as a lingua franca – Internet language			
As far as Internet terminology is concerned, English is used as a lingua franca worldwide. Im Hinblick auf Internetterminologie wird Englisch weltweit als Lingua Franca genutzt.			
to google to twitter to blog to chat to upload / download podcast to hack	googlen twittern bloggen chatten uploaden / downloaden / rauf- / runterladen podcasten hacken / eindringen	wiki blog chat room avatar cloud cloud computing e-mail spam malware cyber war	das Wiki der / das Blog der Chatroom der Avatar die Cloud das Cloud Computing die / das E-Mail Spam die Malware / das Schadprogramm Cyber War

hacker *n* — Hacker

hacktivist *n* — Hacktivist(in) *(verwendet Internet für Protestaktivitäten)*

Internet censorship ['ɪntənet 'sensəʃɪp] *n* — Zensur im Internet

surveillance [sɜː'veɪləns] *n* — Überwachung, Kontrolle

mass surveillance — umfassende Überwachung *(im Sinne von „der gläserne Mensch")*

Register der englischen Stichwörter

Q

R